사일 동안
이것만 풀면
다 합격!

해양환경공단
NCS

시대에듀

2025 최신판 시대에듀 사이다 모의고사
해양환경공단 NCS

Always **with you**

사람의 인연은 길에서 우연하게 만나거나 함께 살아가는 것만을 의미하지는 않습니다.
책을 펴내는 출판사와 그 책을 읽는 독자의 만남도 소중한 인연입니다.
시대에듀는 항상 독자의 마음을 헤아리기 위해 노력하고 있습니다. 늘 독자와 함께하겠습니다.

머리말 PREFACE

바다를 깨끗하고 건강하게 지키기 위해 노력하고 있는 해양환경공단은 2025년에 신입직원을 채용할 예정이다. 해양환경공단의 채용절차는 「입사지원서 접수 ➜ 서류전형 ➜ 필기시험 ➜ 인성검사 ➜ 면접전형 ➜ 최종합격자 발표」 순서로 순서로 이루어진다. 필기시험은 직업기초능력평가와 직무수행능력평가로 진행된다. 그중 직업기초능력평가는 의사소통능력, 문제해결능력, 조직이해능력, 정보능력, 수리능력 총 5개의 영역을 평가하며, 2024년에는 피듈형(모듈형 다수)으로 진행되었다. 또한 직무수행능력평가는 직군별로 내용이 상이하므로 반드시 확정된 채용공고를 확인하는 것이 필요하다. 따라서 필기시험에서 고득점을 받기 위해 다양한 유형에 대한 폭넓은 학습과 문제풀이능력을 높이는 등 철저한 준비가 필요하다.

해양환경공단 합격을 위해 시대에듀에서는 해양환경공단 판매량 1위의 출간 경험을 토대로 다음과 같은 특징을 가진 도서를 출간하였다.

도서의 특징

❶ 합격으로 이끌 가이드를 통한 채용 흐름 확인!
- 해양환경공단 소개와 최신 시험 분석을 수록하여 채용 흐름을 파악하는 데 도움이 될 수 있도록 하였다.

❷ 기출응용 모의고사를 통한 완벽한 실전 대비!
- 철저한 분석을 통해 실제 유형과 유사한 기출응용 모의고사를 4회분 수록하여 시험 직전 4일 동안 자신의 실력을 점검하고 향상시킬 수 있도록 하였다.

❸ 다양한 콘텐츠로 최종 합격까지!
- 온라인 모의고사를 무료로 제공하여 필기시험에 대비할 수 있도록 하였다.
- 모바일 OMR 답안채점/성적분석 서비스를 통해 자동으로 점수를 채점하고 확인할 수 있도록 하였다.

끝으로 본 도서를 통해 해양환경공단 채용을 준비하는 모든 수험생 여러분이 합격의 기쁨을 누리기를 진심으로 기원한다.

SDC(Sidae Data Center) 씀

◇ **미션**

> 깨끗하고 안전한 바다로 국민 행복을 증진하고,
> 해양의 더 나은 미래를 열어간다

◇ **비전**

> 해양환경의 미래가치를 창조하는 국민의 KOEM

◇ **경영목표**

해양환경 탄소중립지수 86%	공단 통합 해상방제능력 20,250kL
공단 미래성장 매출액 1,000억 원	공공기관 종합청렴도 1등급

◇ **핵심가치**

전문 / 안전 / 혁신 / 신뢰

◇ **인재상**

건강한 바다, 풍요로운 미래, 행복한 국민을 위해
열린 사고와 열정을 가진 해양환경 전문인

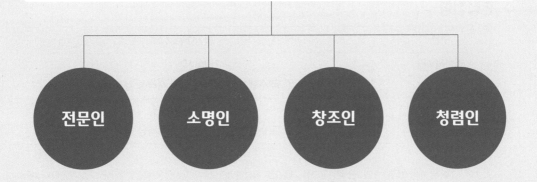

신입사원 채용 안내 INFORMATION

◇ 지원자격(공통)

❶ 성별 : 제한 없음(단, 남자에 한하여 병역필 또는 면제자만 지원 가능)

❷ 해양환경공단 인사규정 제49조(정년)에 따른 만 60세 미만인 자

❸ 최종합격 후 즉시 임용이 가능한 자

❹ 해양환경공단 인사규정 제23조(결격사유)에 따른 채용결격사유가 없는 자

◇ 필기시험

구분	직군	내용
직업기초능력평가 (50문항 / 50분)	전 직군	의사소통능력, 문제해결능력, 조직이해능력, 정보능력, 수리능력
직무수행능력평가 (50문항 / 50분)	해양방사능 · 행정	해양학개론, 방사선물리학, 방사선계측학, 환경방사능학개론
	해양환경 · 행정	해양학개론, 해양생태학, 해양관련법규
	GIS · 행정	지리정보학, 공간통계학
	토목 · 행정	응용역학, 토질 및 기초, 수리학 및 수문학
	선박관리 · 행정	선박일반, 기관학, 해사법규, 해사영어

■ 필기시험 과락 기준
  • 직업기초능력평가 또는 직무수행능력평가 4할 미만 시
  • 직업기초능력평가 + 직무수행능력평가 합산 6할 미만 시
    (단, 사회형평적 채용 우대 대상자는 가점합산 후 6할 미만 시)

◇ 면접전형

구분	평가내용
일반직 4급	대면면접 (직무수행에 필요한 능력 및 적격성 검정 등)
일반직 5급	
일반직 6급	대면면접, 토론면접 (직무수행에 필요한 능력 및 적격성 검정 등)

❖ 위 채용 안내는 2024년 채용공고를 기준으로 작성하였으므로 세부사항은 확정된 채용공고를 확인하기 바랍니다.

총평

> 2024년 해양환경공단의 필기시험은 모듈형에 치우친 피듈형으로 출제되었다. 전체적으로 난이도가 평이한 수준이었다는 후기가 많았으며, 해양환경공단 또는 해양 환경 관련 지문이 다수 출제되었다. 의사소통능력의 경우 제시문의 내용과 일치 또는 불일치한 것을 묻는 유형이, 수리능력의 경우에는 일률, 평균 · 분산, 농도 등 응용 수리 문제가 다수 출제되었고, 암기가 필요한 모듈형 문항도 있었다. 다른 영역의 경우에도 모듈형 문제가 대부분이었던 것으로 분석된다. 따라서 이론 및 개념을 머릿속에 완벽히 정립해 문제에 적용하는 능력이 필요하다는 의견이 많았다.

◇ 영역별 출제 비중

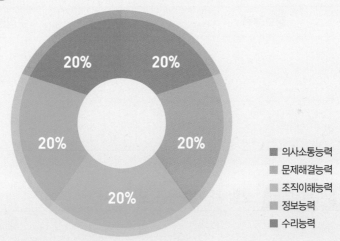

- ■ 의사소통능력
- ■ 문제해결능력
- ■ 조직이해능력
- ■ 정보능력
- ■ 수리능력

구분	출제 특징	출제 키워드
의사소통능력	• 해양환경공단 또는 해양 환경과 관련한 지문과 일치 · 불일치를 묻는 문제 출제됨 • 경청과 관련한 모듈형 문제 출제됨 • 보도자료, 공문서 작성과 관련한 문제 출제됨	경청, 짐작하기, 공문서 작성 등
문제해결능력	• 참 · 거짓 묻는 명제 추론 문제 출제됨 • 다른 직원에게 해줄 수 있는 조언을 묻는 문제 출제됨 • 제시문이 설명하고 있는 문제해결 프로세스 과정을 묻는 문제 출제됨	퍼실리테이션, 탐색형 문제 등
조직이해능력	• 조직 관련 용어의 의미를 묻는 문제 출제됨 • 지문에 제시된 팀과 업무에 대한 일치 문제 출제됨	임파워먼트, 조직도 등
정보능력	• 합계와 평균에 대한 엑셀 입력식 묻는 문제 출제됨 • 정보에 해당하는 것 묻는 문제 출제됨 • 한글(hwp)과 윈도우 단축키 문제 출제됨	랜섬웨어, 엑셀 함수, 단축키 등
수리능력	• 수열, 일률, 농도 등 응용 수리 문제 다수 출제됨 • 중앙값, 분산 등과 관련한 문제 출제됨 • 전체 인원과 평균 점수를 제시한 후 합격자 수 묻는 문제 출제됨	소금물의 농도, 합격자 인원 등

학습플랜 STUDY PLAN

1일 차 학습플랜   1일 차 기출응용 모의고사

_____월 _____일		
의사소통능력	문제해결능력	조직이해능력

정보능력	수리능력

2일 차 학습플랜   2일 차 기출응용 모의고사

_____월 _____일		
의사소통능력	문제해결능력	조직이해능력

정보능력	수리능력

3일 차 학습플랜 ── 3일 차 기출응용 모의고사

_____월 _____일		
의사소통능력	문제해결능력	조직이해능력

정보능력	수리능력

4일 차 학습플랜 ── 4일 차 기출응용 모의고사

_____월 _____일		
의사소통능력	문제해결능력	조직이해능력

정보능력	수리능력

취약영역 분석 WEAK POINT

1일 차 취약영역 분석

시작 시간	:	종료 시간	:
풀이 개수	개	못 푼 개수	개
맞힌 개수	개	틀린 개수	개
취약영역 / 유형			
2일 차 대비 개선점			

2일 차 취약영역 분석

시작 시간	:	종료 시간	:
풀이 개수	개	못 푼 개수	개
맞힌 개수	개	틀린 개수	개
취약영역 / 유형			
3일 차 대비 개선점			

3일 차 취약영역 분석

시작 시간	:	종료 시간	:
풀이 개수	개	못 푼 개수	개
맞힌 개수	개	틀린 개수	개
취약영역 / 유형			
4일 차 대비 개선점			

4일 차 취약영역 분석

시작 시간	:	종료 시간	:
풀이 개수	개	못 푼 개수	개
맞힌 개수	개	틀린 개수	개
취약영역 / 유형			
시험일 대비 개선점			

이 책의 차례 CONTENTS

1일 차
기출응용 모의고사

www.sdedu.co.kr

〈문항 및 시험시간〉

평가영역	문항 수	시험시간	모바일 OMR 답안채점/성적분석 서비스
의사소통＋문제해결＋조직이해＋정보＋수리	50문항	50분	

1일 차 기출응용 모의고사

문항 수 : 50문항
응시시간 : 50분

01 다음 기사를 읽고 적절하지 않은 내용을 말한 사람을 〈보기〉에서 고르면?

'혁신'이라는 용어는 이미 경영·기술 분야에서 널리 사용되고 있다. 미국의 경제학자 슘페터는 혁신을 새로운 제품 소개, 생산 방법의 도입, 시장 개척, 조직 방식 등의 새로운 결합으로 발생하는 창조적 파괴라고 정의한 바 있다. 이를 '열린 혁신'의 개념으로 확장해보면 기관 자체의 역량뿐 아니라 외부의 아이디어를 받아들이고 결합함으로써, 당면한 문제를 해결하고 사회적 가치를 창출하는 일련의 활동이라 말할 수 있을 것이다. 위에서 언급한 정의의 측면에서 볼 때 열린 혁신의 성공을 위한 초석은 시민사회(혹은 고객)를 포함한 다양한 이해관계자의 적극적인 참여와 협업이다. 어린이 – 시민 – 전문가 – 공무원이 모여 자연을 이용해 기획하고 디자인한 순천시의 '기적의 놀이터', 청년들이 직접 제안한 아이디어를 정부가 정식 사업으로 채택하여 발전시킨 '공유기숙사' 등은 열린 혁신의 추진방향을 보여주는 대표적인 사례이다. 특히, 시민을 공공서비스의 수혜 대상에서 함께 사업을 만들어가는 파트너로 격상시킨 것이 큰 변화이며, 바로 이 지점이 열린 혁신의 출발점이라 할 수 있다.

그렇다면 '열린 혁신'을 보다 체계적·성공적으로 추진하기 위한 선행조건은 무엇일까?

첫째, 구성원들이 열린 혁신을 명확히 이해하고 수요자의 입장에서 사업을 바라보는 마인드셋이 필요하다. 공공기관이 혁신을 추진하는 목적은 결국 본연의 사업을 잘 수행하기 위함이다. 이를 위해서는 수요자인 고객을 먼저 생각해야 한다. 제공받는 서비스에 만족하지 못하는 고객을 생각한다면 사업에 대한 변화와 혁신은 자연스럽게 따라올 수밖에 없다.

둘째, 다양한 아이디어가 존중받고 추진될 수 있는 조직문화를 만들어야 한다. 나이·직급과 관계없이 새로운 아이디어를 마음껏 표현할 수 있는 환경을 조성하는 한편, 참신하고 완성도 높은 아이디어에 대해 인센티브를 제공하는 등 조직 차원의 동기부여가 필요하다. 행정안전부에서 주관하는 정부 열린 혁신 평가에서 기관장의 의지와 함께 전사 차원의 지원체계 마련을 주문하는 것도 이러한 연유에서다.

마지막으로 지속할 수 있는 혁신을 위해 이를 뒷받침할 수 있는 열정적인 혁신 퍼실리테이터가 필요하다. 수요자의 니즈를 발굴하여 사업에 반영하는 제안 – 설계 – 집행 – 평가 전 과정을 살피고 지원할 수 있는 조력자의 역할은 필수적이다. 따라서 역량 있는 혁신 조력자를 육성하기 위한 체계적인 교육이 수반되어야 할 것이다. 덧붙여 전 과정에 다양한 이해관계자의 참여가 필요한 만큼 담당부서와 사업부서 간의 긴밀한 협조가 이루어진다면 혁신의 성과는 더욱 커질 것이다.

최근 H공단은 청년 실업률 증가, 4차 산업혁명발(發) 일자리의 구조적 변화 등 주요 사업과 관련한 큰 환경변화에 직면해 있다. 특히, 일자리 창출 지원, 인적자원개발 패러다임 변화를 반영한 인력 양성 등 H공단에 대한 정부와 국민의 기대감은 날로 커질 전망이다. '열린 혁신'은 공단의 지속할 수 있는 발전을 위해 꼭 추진되어야 할 과제이다. H공단 전 직원들의 관심과 적극적인 참여가 필요한 시점이다.

<보기>

> A사원 : 혁신은 혼자서 하는 게 아니야. 혁신을 위해서는 부서 간의 긴밀한 협조가 꼭 필요해.
> B사원 : 우리 모두 업무를 함에 있어 고객들의 마음을 생각해 보는 것은 어떨까?
> C사원 : 열린 혁신을 위해서는 외부의 도움 없이 스스로 문제를 해결할 수 있는 역량이 중요해.
> D사원 : 기존의 수직적인 조직문화를 수평적인 문화로 개선해 보는 것은 어떨까?

① A사원

② B사원

③ C사원

④ D사원

02 다음 〈보기〉는 H사원의 고민을 듣고 동료 A ~ D사원이 보인 반응이다. A ~ D사원의 경청의 문제점으로 옳지 않은 것은?

> H사원 : L부장님이 새로 오시고부터 일하기가 너무 힘들어. 내가 하는 일 하나하나 지적하시고, 매일매일 체크하셔. 마치 내가 초등학생 때 담임 선생님께 숙제 검사를 받는 것 같은 기분이야. 일을 맡기셨으면 믿고 기다려주셨으면 좋겠어.

<보기>

> A사원 : 매일매일 체크하신다는 건 네가 일을 못한 부분이 많아서 아닐까 생각이 들어. 너의 행동도 뒤돌아보는 게 좋을 것 같아.
> B사원 : 내가 생각하기엔 네가 평소에도 예민한 편이라 L부장님의 행동을 너무 예민하게 받아들이는 것 같아. 부정적이게만 보지 말고 좋게 생각해봐.
> C사원 : 너의 말을 들으니 L부장님이 너를 너무 못 믿는 것 같네. 직접 대면해서 이 문제에 대해 따져보는 게 좋을 것 같아. 계속 듣고만 있을 수는 없잖아, 안 그래?
> D사원 : 기분 풀고 우리 맛있는 거나 먹으러 가자. 회사 근처에 새로 생긴 파스타 집 가봤어? 정말 맛있더라. 먹으면 기분이 풀릴 거야.

① A사원 – 짐작하기

② B사원 – 판단하기

③ C사원 – 언쟁하기

④ D사원 – 슬쩍 넘어가기

03 다음 글을 읽고 추론한 내용으로 적절하지 않은 것은?

언어는 배우는 아이들이 있어야 지속된다. 그러므로 성인들만 사용하는 언어가 있다면 그 언어의 운명은 어느 정도 정해진 셈이다. 언어학자들은 이런 방식으로 추리하여 인류 역사에 드리워진 비극에 대해 경고한다. 한 언어학자는 현존하는 북미 인디언 언어의 약 80%인 150개 정도가 빈사 상태에 있다고 추정한다. 알래스카와 시베리아 북부에서는 기존 언어의 90%인 40개 언어, 중앙아메리카와 남아메리카에서는 23%인 160개 언어, 오스트레일리아에서는 90%인 225개 언어, 그리고 전 세계적으로는 기존 언어의 50%인 3,000개의 언어들이 소멸해 가고 있다고 한다. 이 중 사용자 수가 10만 명을 넘는 약 600개의 언어들은 비교적 안전한 상태에 있지만, 그 밖의 언어는 21세기가 끝나기 전에 소멸할지도 모른다.

언어가 이처럼 대규모로 소멸하는 원인은 중첩적이다. 토착 언어 사용자들의 거주지가 파괴되고, 종족 말살과 동화(同化)교육이 이루어지며, 사용 인구가 급격히 감소하는 것 외에 '문화적 신경가스'라고 불리는 전자 매체가 확산되는 것도 그 원인이 된다. 물론 우리는 소멸을 강요하는 사회적·정치적 움직임들을 중단시키는 한편, 토착어로 된 교육 자료나 문학작품, 텔레비전 프로그램 등을 개발함으로써 언어 소멸을 어느 정도 막을 수 있다. 나아가 소멸 위기에 처한 언어라도 20세기의 히브리어처럼 지속적으로 공식어로 사용할 의지만 있다면 그 언어를 부활시킬 수도 있다.

합리적으로 보자면, 우리가 지구상의 모든 동물이나 식물종들을 보존할 수 없는 것처럼 모든 언어를 보존할 수는 없으며, 어쩌면 그래서는 안 되는지도 모른다. 가령, 어떤 언어 공동체가 경제적 발전을 보장해 주는 주류 언어로 돌아설 것을 선택할 때, 그 어떤 외부 집단이 이들에게 토착 언어를 유지하도록 강요할 수 있겠는가? 또한 한 공동체 내에서 이질적인 언어가 사용되면 사람들 사이에 심각한 분열을 초래할 수도 있다. 그러나 이러한 문제가 있더라도 전 세계 언어의 50% 이상이 빈사 상태에 있다면 이를 보고만 있을 수는 없다.

① 현재 소멸해 가고 있는 전 세계 언어 중 약 2,400여 개의 언어들은 사용자 수가 10만 명 이하이다.
② 소멸 위기에 있는 언어라도 사용자들의 의지에 따라 유지될 수 있다.
③ 소멸 위기 언어 사용자가 처한 현실적인 문제는 언어의 다양성을 보존하기 어렵게 만들 수 있다.
④ 언어 소멸은 지구상의 동물이나 식물종 수의 감소와 같이 자연스럽고 필연적인 현상이다.

04 다음 문단을 논리적 순서대로 바르게 나열한 것은?

(가) 그런데 음악이 대량으로 복제되는 현상에 대한 비판적인 시각도 생겨났다. 대량 생산된 복제품은 예술 작품의 유일무이(唯一無二)한 가치를 상실케 하고 예술적 전통을 훼손한다는 것이다.

(나) MP3로 대표되는 복제 기술이 어떻게 발전할 것이며 그에 따라 음악은 어떤 변화를 겪을지, 우리가 누릴 수 있는 새로운 전통이 우리 삶을 어떻게 변화시킬지 생각해 보는 것은 매우 흥미로운 일이다.

(다) 근래에는 음악을 컴퓨터 파일의 형태로 바꾸는 기술이 개발되어 작품을 나누고 섞고 변화시키는 것이 훨씬 자유로워졌다. 이에 따라 낯선 곡은 반복을 통해 친숙한 음악으로, 친숙한 곡은 디지털 조작을 통해 낯선 음악으로 변모시킬 수 있게 되었다.

(라) 그러나 복제품은 자신이 생겨난 환경에 매여 있지 않기 때문에, 새로운 환경에서 새로운 예술적 전통을 만들어 낸다. 최근 음악 환경은 IT 기술의 발달과 보급에 따라 매우 빠르게 변화하고 있다.

① (나) - (가) - (라) - (다) 　　② (다) - (가) - (라) - (나)
③ (다) - (라) - (가) - (나) 　　④ (라) - (가) - (나) - (다)

05 다음 글의 빈칸에 들어갈 말로 적절하지 않은 것은?

유럽의 도시들을 여행하다 보면 여기저기서 벼룩시장이 열리는 것을 볼 수 있다. 벼룩시장에서 사람들은 낡고 오래된 물건들을 보면서 추억을 되살린다. 유럽 도시들의 독특한 분위기는 오래된 것을 쉽게 버리지 않는 정신이 반영된 것이다. 영국의 옥스팜(Oxfam)이라는 시민단체는 헌 옷을 수선해 파는 전문 상점을 운영하여 그 수익금으로 제3세계를 지원하고 있다.

땀과 기억이 배어 있는 오래된 물건은 _____ 선물로 받아서 10년 이상 써 온 손때 묻은 만년필을 잃어버렸을 때 느끼는 상실감은 새 만년필을 산다고 해서 사라지지 않는다. 이는 그 만년필이 개인의 오랜 추억을 담고 있는 증거물이자 애착의 대상이 되었기 때문이다. 그렇기에 실용성과 상관없이 오래된 것은 그 자체로 아름답다.

① 경제적 가치는 없지만 그것만이 갖는 정서적 가치를 지닌다.
② 자신만의 추억을 위해 간직하고 싶은 고유한 가치를 지닌다.
③ 실용적 가치만으로 따질 수 없는 보편적 가치를 지닌다.
④ 새로운 상품이 대체할 수 없는 심리적 가치를 지닌다.

06 다음 글에서 도킨스의 논리에 대한 필자의 문제 제기로 가장 적절한 것은?

도킨스는 인간의 모든 행동이 유전자의 자기 보존 본능에 따라 일어난다고 주장했다. 사실 도킨스는 플라톤에서부터 쇼펜하우어에 이르기까지 통용되던 철학적 생각을 유전자라는 과학적 발견을 이용하여 반복하고 있을 뿐이다. 이에 따르면 인간 개체는 유전자라는 진정한 주체의 매체에 지나지 않게 된다. 그런데 이 같은 도킨스의 논리에 근거하면 우리 인간은 이제 자신의 몸과 관련된 모든 행동에 대해 면죄부를 받게 된다. 모든 것이 이미 유전자가 가진 이기적 욕망으로부터 나왔다고 볼 수 있기 때문이다. 그래서 도킨스의 생각에는 살아가고 있는 구체적 생명체를 경시하게 되는 논리가 잠재되어 있다.

① 고대의 철학은 현대의 과학과 양립할 수 있는가?
② 유전자의 자기 보존 본능이 초래하게 되는 결과는 무엇인가?
③ 인간을 포함한 생명체는 진정한 주체가 아니란 말인가?
④ 생명 경시 풍조의 근원이 되는 사상은 무엇인가?

07 다음 글의 제목으로 가장 적절한 것은?

1894년, 화성에 고도로 진화한 지적 생명체가 존재한다는 주장이 언론의 주목을 받았다. 이러한 주장은 당시 화성의 지도들에 나타난, '운하'라고 불리던 복잡하게 엉킨 선들에 근거를 두고 있었다. 화성의 운하는 1878년에 처음 보고된 뒤 거의 30년간 여러 화성 지도에 계속해서 나타났다. 존재하지도 않는 화성의 운하들이 어떻게 그렇게 오랫동안 천문학자들에게 받아들여질 수 있었을까?

19세기 후반에 망원경 관측을 바탕으로 한 화성의 지도가 많이 제작되었다. 특히 1877년 9월은 지구가 화성과 태양에 동시에 가까워지는 시기여서 화성의 표면이 그 어느 때보다도 밝게 보였다. 영국의 아마추어 천문학자 그린은 대기가 청명한 포르투갈의 마데이라섬으로 가서 13인치 반사 망원경을 사용해서 화성을 보이는 대로 직접 스케치했다. 그린은 화성 관측 경험이 많았으므로 이전부터 이루어진 자신의 관측 결과를 참고하고, 다른 천문학자들의 관측 결과까지 반영하여 그 당시 가장 정교한 화성 지도를 제작하였다.

그런데 이듬해 이탈리아의 천문학자인 스키아파렐리의 화성 지도가 등장하면서 이 지도의 정확성을 의심하게 되었다. 그린과 같은 시기에 수행한 관측을 토대로 제작한 스키아파렐리의 지도에는, 그린의 지도에서 흐릿하게 표현된 지역에 평행한 선들이 그물 모양으로 교차하는 지형이 나타나 있었기 때문이었다. 스키아파렐리는 이것을 '카날리(Canali)'라고 불렀는데, 이것은 '해협'이나 '운하'로 번역될 수 있는 용어였다.

절차적 측면에서 보면 그린이 스키아파렐리보다 우위를 점하고 있었다. 우선 스키아파렐리는 전문 천문학자였지만 화성 관측은 이때가 처음이었다. 게다가 그는 마데이라섬보다 대기의 청명도가 떨어지는 자신의 천문대에서 관측을 했고, 배율이 상대적으로 낮은 8인치 반사 망원경을 사용했다. 또한 그는 짧은 시간에 특징만을 스케치하고 나중에 기억에 의존해 그것을 정교화했으며, 자신만의 관측을 토대로 지도를 제작했던 것이다. 그런데도 승리는 스키아파렐리에게 돌아갔다. 그가 천문학계에서 널리 알려진 존경받는 천문학자였던 것이 결정적이었다. 대다수의 천문학자는 그들이 존경하는 천문학자가 눈에 보이지도 않는 지형을 지도에 그려 넣었으리라고는 생각하기 어려웠다. 게다가 스키아파렐리의 지도는 지리학의 채색법을 그대로 사용하여 그린의 지도보다 호소력이 강했다. 그 후 스키아파렐리가 몇 번 더 운하의 관측을 보고하자 다른 천문학자들도 운하의 존재를 보고하기 시작했고, 이후 더 많은 운하들이 화성 지도에 나타나게 되었다.

일단 권위자가 무엇인가를 발견했다고 알려지면 그것이 존재하지 않는다는 것을 입증하기란 쉽지 않다. 더구나 관측의 신뢰도를 결정하는 척도로 망원경의 성능보다 다른 조건들이 더 중시되던 당시 분위기에서는 이러한 오류가 수정되기 어려웠다. 성능이 더 좋아진 대형 망원경으로는 종종 운하가 보이지 않았는데, 놀랍게도 운하 가설 옹호자들은 이것에 대해 대형 망원경이 높은 배율 때문에 어떤 대기 상태에서는 오히려 왜곡이 심해서 소형 망원경보다 해상도가 떨어질 수 있다고 해명하곤 했던 것이다.

① 과학의 방법 : 경험과 관찰
② 과학사의 그늘 : 화성의 운하
③ 과학의 신화 : 화성 생명체 가설
④ 설명과 해명 : 그린과 스키아파렐리

08 다음 중 맞춤법이 옳지 않은 것은?

① 오늘은 웬일인지 은총이가 나에게 웃으며 인사해주었다.

② 그녀의 집은 살림이 넉넉지 않다.

③ 분위기에 걸맞은 옷차림이다.

④ 영희한테 들었는데 이 집 자장면이 그렇게 맛있데.

09 다음 글에서 밑줄 친 ㉠~㉣을 고쳐 쓴다고 할 때 적절하지 않은 것은?

오늘날 인류가 왼손보다 오른손을 ㉠더 선호하는 경향은 어디서 비롯되었을까? 오른손을 귀하게 여기고 왼손을 천대하는 현상은 어쩌면 산업화 이전 사회에서 배변 후 사용할 휴지가 없었다는 사실과 관련이 있을 법하다. 맨손으로 배변 뒤처리를 하는 것은 ㉡불쾌할 뿐더러 병균을 옮길 위험을 수반하는 일이었다. 이런 위험의 가능성을 낮추는 간단한 방법은 음식을 먹거나 인사할 때 다른 손을 사용하는 것이었다. 기술 발달 이전의 사회는 대개 왼손을 배변 뒤처리에, 오른손을 먹고 인사하는 일에 사용했다.

나는 이런 배경이 인간 사회에 널리 나타나는 '오른쪽'에 대한 긍정과 '왼쪽'에 대한 ㉢반감을 어느 정도 설명해 줄 수 있으리라고 생각한다. 그러나 이 설명은 왜 애초에 오른손이 먹는 일에, 그리고 왼손이 배변 처리에 사용되었는지 설명해 주지 못한다. 동서양을 막론하고, 왼손잡이 사회는 확인된 바가 없기 때문이다. ㉣하지만 왼손잡이 사회가 존재할 가능성도 있으므로 만약 왼손잡이를 선호하는 사회가 발견된다면 이러한 논란은 종결되고 왼손잡이와 오른손잡이에 대한 새로운 이론이 등장할 것이다. 그러므로 근본적인 설명은 다른 곳에서 찾아야 할 것 같다.

한쪽 손을 주로 쓰는 경향은 뇌의 좌우반구의 기능 분화와 관련되어 있는 것으로 보인다. 보고된 증거에 따르면, 왼손잡이는 읽기와 쓰기, 개념 및 논리적 사고 같은 좌반구 기능에서 오른손잡이보다 상대적으로 미약한 대신 상상력, 패턴 인식, 창의력 등 전형적인 우반구 기능에서는 상대적으로 기민한 경우가 많다.

나는 이성 대 직관의 힘겨루기, 뇌의 두 반구 사이의 힘겨루기가 오른손과 왼손의 힘겨루기로 표면화된 것이 아닐까 생각한다. 즉, 오른손이 원래 왼손보다 더 능숙했기 때문이 아니라 뇌의 좌반구가 인간의 행동을 지배하는 권력을 갖게 되었기 때문에 오른손 선호에 이르렀다는 생각이다.

① ㉠ : 의미 중복이 일어나므로 '선호하는'으로 수정한다.

② ㉡ : 띄어쓰기가 잘못되었으므로 '불쾌할뿐더러'로 수정한다.

③ ㉢ : 문맥상 어색한 단어이므로 '기시감'으로 수정한다.

④ ㉣ : 전체적인 글의 흐름과 어울리지 않으므로 삭제한다.

10 다음 글의 내용 전개 방식으로 가장 적절한 것은?

지구가 스스로 빙빙 돈다는 것, 또 그런 상태로 태양 주변을 빙빙 돌고 있다는 것은 선구자들의 연구 덕분에 증명된 사실이다. 하지만 돌고 있는 것은 지구뿐만이 아니다. 물 역시 지구 내에서 끊임없이 돌고 있다. '물이 돌고 있다.'라는 의미는 지구처럼 물이 시계방향이나 반시계방향으로 빙빙 돌고 있다는 뜻은 아니다. 지구 내 물의 전체 양은 변하지 않은 채 상태와 존재 위치만 바뀌면서 계속해서 '순환'하고 있음을 말한다.

그러면 '물의 순환'을 과학적으로 어떻게 정의할 수 있을까? 한마디로 물이 기체, 액체, 고체로 그 상태를 바꾸면서 지표면과 지하, 대기 사이를 순환하고, 이 과정에서 비와 눈 같은 여러 가지 기상 현상을 일으킨다고 할 수 있다. 강과 바다에서 물이 증발하면 수증기가 되는데, 수증기가 상공으로 올라가다 보면 기압이 낮아져 팽창하게 된다. 그러면서 에너지를 쓰게 되고 온도가 낮아지다 보면 수증기는 다시 작은 물방울이나 얼음 조각으로 변하는데, 그것이 우리가 알고 있는 구름이다. 구름의 얼음 조각이 커지거나 작은 물방울들이 합해지면 큰 물방울이 눈이나 비가 되어 내리고, 지표 사이로 흘러 들어간 물은 다시 강과 바다로 가게 된다. 이러한 현상은 영원히 반복된다.

이처럼 물의 순환은 열을 흡수하느냐 혹은 방출하느냐에 따라 물의 상태가 변함으로써 발생한다. 쉽게 말해 얼음이 따뜻한 곳에 있으면 물이 되고, 물에 뜨거운 열을 가하면 수증기가 되는 것처럼, '고체 → 액체 → 기체' 혹은 '고체 → 기체'로 변화할 때는 열을 흡수하고, 반대의 경우에는 열을 방출하는 것이다. 흡수된 열에너지는 운동에너지로 전환되어 고체보다는 액체, 액체보다는 기체 상태에서 분자 사이의 움직임을 더 활발하게 만든다.

① 대상에 대한 다양한 관점을 소개하면서 이를 서로 절충하고 있다.
② 전문가의 견해를 토대로 현상의 원인을 분석하고 있다.
③ 비유의 방식을 통해 대상의 속성을 드러내고 있다.
④ 대상의 상태 변화 과정을 통해 현상을 설명하고 있다.

11 H중학교 백일장에 참여한 A ~ D학생에게 다음 〈조건〉에 따라 점수를 부여할 때, 점수가 가장 높은 학생은 누구인가?

〈H중학교 백일장 채점표〉

학생	오탈자(건)	글자 수(자)	주제의 적합성	글의 통일성	가독성
A	33	654	A	A	C
B	7	476	B	B	B
C	28	332	B	B	C
D	12	786	C	B	A

〈조건〉

- 기본 점수는 80점이다.
- 오탈자가 10건 이상일 때 1점을 감점하고, 5건이 추가될 때마다 1점을 추가로 감점한다.
- 전체 글자 수가 350자 미만일 때 10점을 감점하고, 600자 이상일 때 1점을 부여하며, 25자가 추가될 때마다 1점을 추가로 부여한다.
- 주제의 적합성, 글의 통일성, 가독성을 A, B, C등급으로 나누며 등급 개수에 따라 추가점수를 부여한다.
  - A등급 3개 : 25점
  - A등급 2개, B등급 1개 : 20점
  - A등급 2개, C등급 1개 : 15점
  - A등급 1개, B등급 2개 또는 A등급, B등급, C등급 1개 : 10점
  - B등급 3개 : 5점

예 오탈자 46건, 전체 글자 수 626자, 주제의 적합성, 글의 통일성, 가독성이 각각 A, B, A일 때 점수는 80−8+2+20=94점이다.

① A학생
② B학생
③ C학생
④ D학생

12 남자 2명과 여자 2명이 다음 〈조건〉과 같이 원탁에 앉아 있을 때, 항상 옳은 것은?

─〈조건〉─
- 네 사람의 직업은 각각 교사, 변호사, 자영업자, 의사이다.
- 네 사람은 각각 검은색 원피스, 파란색 재킷, 하얀색 니트, 밤색 티셔츠를 입고 있으며, 이 중 검은색 원피스는 여성용, 파란색 재킷은 남성용이다.
- 남자는 남자끼리, 여자는 여자끼리 인접해서 앉아 있다.
- 변호사는 하얀색 니트를 입고 있다.
- 자영업자는 남자이다.
- 의사의 왼쪽 자리에 앉은 사람은 검은색 원피스를 입었다.
- 교사는 밤색 니트를 입은 사람과 원탁을 사이에 두고 마주 보고 있다.

① 변호사는 남자이다.
② 의사는 파란색 재킷을 입고 있다.
③ 밤색 티셔츠를 입은 사람은 여자이다.
④ 교사와 의사는 원탁을 사이에 두고 마주 보고 있다.

13 다음은 문제의 유형에 대한 설명이다. 〈보기〉의 사례에 해당하는 문제 유형을 바르게 구분한 것은?

업무 수행 과정 중 발생한 문제를 효과적으로 해결하기 위해서는 문제의 유형을 파악하는 것이 우선시되어야 하며, 이러한 문제의 유형은 발생형 문제, 탐색형 문제, 설정형 문제의 세 가지로 분류할 수 있다.

─〈보기〉─
ㄱ. 지속되는 경기 악화에 따라 새로운 신약 개발에 사용되는 원료 중 일부의 단가가 상승할 것으로 예상되어 다른 공급처를 물색할 필요성이 대두되고 있다.
ㄴ. 새로운 신약 개발 과정에서의 임상시험 중 임상시험자의 다수가 부작용을 보이고 있어 신약 개발이 전면 중단되었다.
ㄷ. 현재는 신약 개발이 주 업무인 제약회사이지만, 매년 새로운 감염병이 발생하고 있는 현 실정에 진단키트 개발도 추진한다면, 회사의 성장 가능성은 더 커질 것으로 보고 있다.

	발생형 문제	탐색형 문제	설정형 문제
①	ㄱ	ㄴ	ㄷ
②	ㄱ	ㄷ	ㄴ
③	ㄴ	ㄱ	ㄷ
④	ㄴ	ㄷ	ㄱ

14 다음 중 퍼실리테이션의 문제해결에 대한 설명으로 옳지 않은 것은?

① 어떤 그룹이나 집단이 의사결정을 잘하도록 도와주는 일을 의미한다.

② 제3자가 합의점이나 줄거리를 준비해놓고 예정대로 결론을 도출한다.

③ 구성원의 동기뿐만 아니라 팀워크도 한층 강화되는 특징을 보인다.

④ 주제에 대한 공감을 이룰 수 있도록 능숙하게 도와주는 역할을 한다.

15 홍보팀 사원인 귀하는 법무팀으로부터 최근 규제가 강화되고 있는 허위표시나 과대광고를 예방하기 위한 관련 법조문을 받았다. 귀하는 회사 계열사들이 허위표시 및 과대광고를 하고 있는지 알아보기 위해 계열사별 광고 문구를 확인하였다. 허위표시 및 과대광고를 하지 않은 곳을 〈보기〉에서 모두 고르면?

〈허위표시 및 과대광고 관련 법조문〉

제○○조

① 식품에 대한 허위표시 및 과대광고의 범위는 다음 각 호의 어느 하나에 해당하는 것으로 한다.

  1. 질병의 치료와 예방에 효능이 있다는 내용의 표시·광고

  2. 각종 감사장·상장 또는 체험기 등을 이용하거나 '인증'·'보증' 또는 '추천'을 받았다는 내용을 사용하거나 이와 유사한 내용을 표현하는 광고. 다만, 중앙행정기관·특별지방행정 기관 및 그 부속기관 또는 지방자치단체에서 '인증'·'보증'을 받았다는 내용의 광고는 제외한다.

  3. 다른 업소의 제품을 비방하거나 비방하는 것으로 의심되는 광고나, 제품의 제조방법·품질·영양가· 원재료·성분 또는 효과와 직접적인 관련이 적은 내용 또는 사용하지 않은 성분을 강조함으로써 다른 업소의 제품을 간접적으로 다르게 인식하게 하는 광고

② 제1항에도 불구하고 다음 각 호에 해당하는 경우에는 허위표시나 과대광고로 보지 않는다.

  1. 일반음식점과 제과점에서 조리·제조·판매하는 식품에 대한 표시·광고

  2. 신체조직과 기능의 일반적인 증진, 인체의 건전한 성장 및 발달과 건강한 활동을 유지하는 데 도움을 준다는 표시·광고

  3. 제품에 함유된 영양성분의 기능 및 작용에 관하여 식품영양학적으로 공인된 사실

〈보기〉

ㄱ. (○○삼계탕 식당 광고) "고단백 식품인 닭고기와 스트레스 해소에 효과가 있는 인삼을 넣은 삼계탕은 인삼, 찹쌀, 밤, 대추 등의 유효성분이 어우러져 영양의 균형을 이룬 아주 훌륭한 보양식입니다."

ㄴ. (○○라면의 표시·광고) "우리 회사의 라면은 폐식용유를 사용하지 않습니다."

ㄷ. (○○두부의 표시·광고) "건강유지 및 영양보급에 만점인 단백질을 많이 함유한 ○○두부"

ㄹ. (○○녹차의 표시·광고) "변비와 당뇨병 예방에 탁월한 ○○녹차"

ㅁ. (○○소시지의 표시·광고) "식품의약품안전처에서 인증 받은 ○○소시지"

---

① ㄱ, ㄴ   ② ㄷ, ㅁ

③ ㄱ, ㄴ, ㄹ   ④ ㄱ, ㄷ, ㅁ

16 A씨는 화씨온도를 사용하는 미국에 제품을 수출하기 위해 보관방법의 내용을 영어로 번역하려고 한다. 보관방법 설명서에 밑줄 친 부분의 온도를 화씨온도로 바르게 환산한 것은?

〈보관방법〉

본 제품은 수분, 열에 의한 영향에 민감하므로 열원이나 직사 광선을 피해 서늘한 곳에 보관하십시오. 온도 30℃ 이상, 상대습도 75% 이상에서는 제품이 변형될 수 있습니다. 어린이 손에 닿지 않는 곳에 보관하십시오.

※ $℃ = \dfrac{5}{9}(℉ - 32)$

① 85℉
② 86℉
③ 87℉
④ 88℉

17 H공사의 마케팅팀 직원 A ~ G 7명이 세 대의 승용차를 나누어 타고 다른 장소로 이동하려고 한다. 다음 〈조건〉을 모두 만족하도록 차량 배치를 할 때, 가장 적절한 것은?

〈조건〉
• 세 대의 승용차를 모두 이용한다.
• 3명, 2명, 2명으로 나누어 탑승해야 한다.
• B와 D는 한 차에 탑승할 수 없다.
• E는 세 명이 탄 차에 탑승해야 한다.
• E와 F가 한 차에 탔다면 A와 C도 한 차에 타야 한다.
• A는 D와 F 중에 한 사람과는 함께 타야 한다.

① (A, D, G), (B, F), (C, E)
② (A, B, E), (C, F), (D, G)
③ (C, E, G), (B, F), (A, D)
④ (B, C, G), (A, D), (E, F)

18 H공사 기획팀은 새해 사업계획과 관련해 회의를 하고자 한다. 회의 참석자들에 대한 정보가 다음 〈조건〉과 같을 때, 회의에 참석할 사람을 모두 고르면?

─────〈조건〉─────

- 기획팀에는 A사원, B사원, C주임, D주임, E대리, F팀장이 있다.
- 새해 사업계획 관련 회의는 화요일 오전 10시부터 11시 30분 사이에 열린다.
- C주임은 같은 주 월요일부터 수요일까지 대구로 출장을 간다.
- 담당 업무 관련 연락 유지를 위해 B사원과 D주임 중 한 명만 회의에 참석 가능하다.
- F팀장은 반드시 회의에 참석한다.
- 새해 사업계획 관련 회의에는 주임 이상만 참여 가능하다.
- 회의에는 가능한 모든 인원이 참석한다.

① A사원, C주임, E대리   ② A사원, E대리, F팀장
③ B사원, C주임, F팀장   ④ D주임, E대리, F팀장

19 기현이는 수능이 끝난 기념으로 휴대폰을 바꾸러 대리점을 방문했다. 대리점에서 추천해 준 종류에는 A사, B사, L사, S사의 제품이 있다. 각 제품의 평점은 다음과 같고, 이를 참고하여 휴대폰을 구매하려고 한다. 기현이는 디자인을 가장 중요하게 생각하며, 그 다음으로 카메라 해상도, 가격, A/S 편리성, 방수 순으로 고려한다. 다음 중 기현이가 구매할 휴대폰은 어느 회사의 제품인가?

구분	A사	B사	L사	S사
가격	★★★☆☆	★★★★☆	★★★☆☆	★★★☆☆
디자인	★★★★☆	★★★☆☆	★★★★☆	★★★★☆
방수	★★★☆☆	★★★☆☆	★★★★★	★★★☆☆
카메라 해상도	★★★★☆	★★☆☆☆	★★★★☆	★★★★☆
케이스 디자인	★★★★★	★★☆☆☆	★★★☆☆	★★★☆☆
A/S 편리성	★★☆☆☆	★★☆☆☆	★★★★☆	★★★★☆

※ 검은색 별의 개수가 많을수록 평점이 높은 것이다.
※ 가격의 경우, 검은색 별의 개수가 많을수록 저렴한 것이다.

① A사   ② B사
③ L사   ④ S사

20 다음 창고의 물품 내역에 대해 작성한 재고량 조사표를 수정할 때, 적절한 수정 사항을 〈보기〉에서 모두 고르면?

〈창고의 물품 내역〉

- A열 : LCD 모니터 3대, 스캐너 2대, 마우스 2대
- B열 : 스피커 5대, USB 메모리 15개, 키보드 10대
- C열 : 레이저 프린터 3대, 광디스크 4개

〈재고량 조사표〉

구분	입력 장치	출력 장치	저장 장치
수량(개)	14	15	19

〈보기〉

ㄱ. 입력 장치의 수량을 12개로 한다.
ㄴ. 출력 장치의 수량을 11개로 한다.
ㄷ. 저장 장치의 수량을 16개로 한다.

---

① ㄱ   ② ㄴ
③ ㄱ, ㄷ   ④ ㄴ, ㄷ

21 다음 중 높은 성과를 내는 임파워먼트 환경의 특징으로 옳지 않은 것은?

① 현상 유지와 순응
② 학습과 성장의 기회
③ 도전적이고 흥미 있는 일
④ 개인들이 공헌하며 만족한다는 느낌

22 직무 전결 규정상 전무이사가 전결인 '과장의 국내출장 건'의 결재를 시행하고자 한다. 박기수 전무이사가 해외출장으로 인해 부재중이어서 직무대행자인 최수영 상무이사가 결재하였다. 다음 〈보기〉 중 이에 대한 설명으로 옳지 않은 것을 모두 고르면?

─────〈보기〉─────

ㄱ. 최수영 상무이사가 결재한 것은 전결이다.
ㄴ. 공문의 결재표 상에는 '과장 최경옥, 부장 김석호, 상무이사 전결, 전무이사 최수영'이라고 표시되어 있다.
ㄷ. 박기수 전무이사가 출장에서 돌아와서 해당 공문을 검토하는 것은 후결이다.
ㄹ. 위임 전결받은 사항에 대해서는 원결재자인 대표이사에게 후결을 받는 것이 원칙이다.

① ㄱ, ㄴ
② ㄱ, ㄹ
③ ㄱ, ㄴ, ㄹ
④ ㄴ, ㄷ, ㄹ

23 다음 중 마이클 포터(Michael E. Porter)의 본원적 경쟁전략에 대한 설명으로 가장 적절한 것은?

① 해당 사업에서 경쟁우위를 확보하기 위한 전략이다.
② 차별화 전략은 특정 산업을 대상으로 한다.
③ 원가우위 전략에서는 연구개발이나 광고를 통하여 기술, 품질, 서비스 등을 개선할 필요가 있다고 본다.
④ 집중화 전략에서는 대량생산으로써 단위 원가를 낮추거나 새로운 생산기술을 개발할 필요가 있다고 본다.

24 다음 조직도에 대해 바르게 설명한 사람을 〈보기〉에서 모두 고르면?

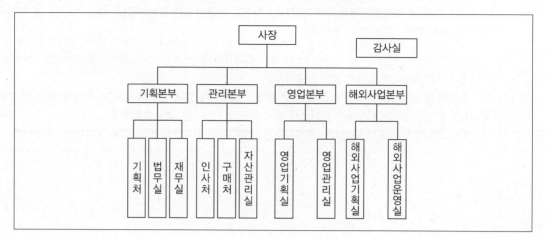

〈보기〉

A : 조직도를 보면 4개 본부, 3개의 처, 8개의 실로 구성되어 있어.
B : 사장 직속으로 4개의 본부가 있고, 그중 한 본부에서는 인사업무만을 전담하고 있네.
C : 감사실은 사장 직속이지만 별도로 분리되어 있구나.
D : 해외사업기획실과 해외사업운영실은 둘 다 해외사업과 관련이 있으니까 해외사업본부에 소속되어 있는 것이 맞아.

① A, B
② A, D
③ B, C
④ B, D

25 다음 회의록을 참고할 때, 고객지원팀의 강대리가 해야 할 일로 적절하지 않은 것은?

〈회의록〉			
회의일시	2024년 ○○월 ○○일	부서	기획팀, 시스템개발팀, 고객지원팀
참석자	기획팀 김팀장, 박대리 / 시스템개발팀 이팀장, 김대리 / 고객지원팀 유팀장, 강대리		
회의안건	홈페이지 내 이벤트 신청 시 발생하는 오류로 인한 고객 불만에 따른 대처방안		
회의내용	• 홈페이지 고객센터 게시판 내 이벤트 신청 오류 관련 불만 글 확인 • 이벤트 페이지 내 오류 발생 원인에 대한 확인 필요 • 상담원의 미숙한 대응으로 고객들의 불만 증가(대응 매뉴얼 부재) • 홈페이지 고객센터 게시판에 사과문 게시 • 고객 불만 대응 매뉴얼 작성 및 이벤트 신청 시스템 개선 • 추후 유사한 이벤트 기획 시 기획안 공유 필요		

① 민원 처리 및 대응 매뉴얼 작성

② 상담원 대상으로 CS 교육 실시

③ 홈페이지 내 사과문 게시

④ 오류 발생 원인 확인 및 신청 시스템 개선

26 다음 사례를 읽고 A씨의 행동을 미루어 볼 때, 피드백으로 가장 적절한 것은?

> A씨는 2년 차 직장인이다. 그러나 같은 날 입사했던 동료들과 비교하면 좋은 평가를 받지 못하고 있다. 요청받은 업무를 진행하는 데 있어 마감일을 늦추는 일이 허다하고, 주기적인 업무도 누락하는 경우가 많기 때문이다. 이는 자신이 앞으로 해야 할 일에 대해서 계획을 수립하지 않고 즉흥적으로 처리하거나 주변에서 급하다고 요청이 오면 그제야 업무를 진행하기 때문이다. 그로 인해 본인의 업무뿐만 아니라 주변 사람들의 업무도 늦어지거나 과중되는 결과를 낳아 업무의 효율성이 떨어지게 되었다.

① 업무를 진행할 때 계획적으로 접근한다면 좋은 평가를 받을 수 있을 거야.
② 너무 편한 방향으로 업무를 처리하면 불필요한 낭비가 발생할 수 있어.
③ 시간도 중요한 자원 중의 하나라는 인식이 필요해.
④ 자원관리에 대한 노하우를 쌓는다면 충분히 극복할 수 있어.

27 다음과 같은 상황에서 A과장이 취할 수 있는 가장 좋은 행동(Best)과 가장 좋지 않은 행동(Worst)을 바르게 묶은 것은?

> A과장은 동료 직원과 공동으로 맡은 프로젝트가 있다. 내일까지 E차장에게 프로젝트의 업무 보고서를 작성해서 제출해야 한다. 또한 A과장은 오늘 점심식사 후에 있을 회의 자료도 준비해야 한다. 회의 시작까지 남은 시간은 3시간이고, 프로젝트 업무 보고서 제출기한은 내일 오전 중이다.

구분	행동
㉠	동료 직원과 업무 보고서에 관해 논의한 뒤 분담해 작성한다.
㉡	동료 직원의 업무 진행상황을 묻고 우선순위를 논의한 뒤 회의 자료를 준비한다.
㉢	다른 팀 사원에게 상황을 설명하고 도움을 요청한 뒤 회의 자료를 준비한다.
㉣	회의 자료를 준비한 뒤 동료와 업무 진행 상황을 논의해 우선순위를 정하고, 업무 보고서를 작성한다.

① Best : ㉠, Worst : ㉢   ② Best : ㉡, Worst : ㉣
③ Best : ㉢, Worst : ㉠   ④ Best : ㉣, Worst : ㉠

28 인사담당자 B는 채용설명회를 준비하며 포스터를 만들려고 한다. 다음 제시된 인재상을 실제 업무환경과 관련지어 포스터에 문구를 삽입하려고 할 때, 들어갈 문구로 옳지 않은 것은?

인재상	업무환경
1. 책임감	1. 토요 격주 근무
2. 고객지향	2. 자유로운 분위기
3. 열정	3. 잦은 출장
4. 목표의식	4. 고객과 직접 대면하는 업무
5. 글로벌 인재	5. 해외지사와 업무협조

① 고객을 최우선으로 생각하고 행동하는 인재

② 자기 일을 사랑하고 책임질 수 있는 인재

③ 어느 환경에서도 잘 적응할 수 있는 인재

④ 중압적인 분위기를 잘 이겨낼 수 있는 열정적인 인재

29 H공사 직원들은 이번 달 개관하는 해양환경체험관 홍보 방안을 모색하기 위해 한 자리에 모여서 회의를 하고 있다. 다음 중 회의에 임하는 태도로 적절하지 않은 직원은?

> O계장 : 이번 달 개관하는 해양환경체험관 홍보 방안으로는 뭐가 있을까요? 의견이 있으면 주저하지 말고 뭐든지 말씀해 주세요.
> J사원 : 저는 조금은 파격적인 이벤트 같은 게 있었으면 좋겠어요. 예를 들면 곧 할로윈이니까, 체험관 내부를 할로윈 분위기로 꾸민 다음에 가면이나 가발 같은 걸 비치해두고, 고객들이 인증샷을 찍으면 저희 공단에서 제작한 선물을 주는 건 어떨까 싶어요.
> D주임 : 그건 좀 실현가능성이 없지 싶은데요. 그보다는 SNS로 이벤트 응모를 받아서 기프티콘 사은품을 쏘는 이벤트가 현실적이겠어요.
> C과장 : 가능성 여부를 떠나서 아이디어는 많을수록 좋으니 반박하지 말고 이야기하세요.
> H사원 : 의견 주시면 제가 전부 받아 적었다가 한꺼번에 정리하도록 할게요.

① J사원 　　　　　　　　　　② D주임

③ C과장 　　　　　　　　　　④ H사원

30 H공단 인사총무팀에 근무하는 T사원은 다음과 같은 업무 리스트를 작성한 뒤 우선순위에 맞게 재배열하려고 한다. 업무 리스트를 보고 T사원이 한 생각으로 적절하지 않은 것은?

〈2025년 1월 10일 인사총무팀 사원 T의 업무 리스트〉

• 인사총무팀 회식(1월 17일) 장소 예약 확인
• 공단 창립 기념일(1월 20일) 행사 준비
• 경영1팀 비품 주문 [월요일에 배송될 수 있도록 오늘 내 반드시 발주할 것]
• 이번 주 토요일(1월 11일) 당직 근무자 명단 확인 [업무 공백 생기지 않도록 주의]
• 1월 13일자 신입사원 면접 날짜 유선 안내 및 면접 가능 여부 확인

---

① 회사 창립 기념일 행사는 전 직원이 다 참여하는 큰 행사인 만큼 가장 첫 번째 줄에 배치해야겠다.

② 경영1팀 비품 주문 후 회식 장소 예약을 확인해야겠다.

③ 신입사원 면접 안내는 여러 변수가 발생할 수 있으니 서둘러 준비해야겠다.

④ 신입사원 면접 안내 통보 후 연락이 안 된 면접자들을 따로 추려서 다시 연락을 취해야겠다.

31 다음은 스프레드시트로 작성한 워크시트이다. ㉠~㉣에 대한 설명으로 옳지 않은 것은?

	A	B	C	D	E	F	
1	참고서 구입 현황						← ㉠
2						[단위 : 명]	
3	종류	1학년	2학년	3학년	합계	순위	← ㉡
4	국어	67	98	102	267	3	
5	수학	68	87	128	283	1	
6	영어	24	110	115	249	4	← ㉢
7	사회	56	85	98	239	5	
8	과학	70	86	112	268	2	
9	합계	285	466	555	1306		

㉣ (아래 화살표 B9 셀)

① ㉠ : '셀 병합' 기능을 이용해 작성할 수 있다.

② ㉡ : '셀 서식'의 '채우기' 탭에서 색상을 변경할 수 있다.

③ ㉢ : [F4] 셀을 「＝RANK(F4,E4:E8)」로 구한 후에 '자동 채우기' 기능으로 구할 수 있다.

④ ㉣ : '자동 합계' 기능을 사용해 구할 수 있다.

32 다음은 정보화 사회에서 필수적으로 해야 할 일에 대한 설명이다. 이에 해당하는 사례로 적절하지 않은 것은?

첫째, 정보검색이다. 인터넷에는 수많은 사이트가 있으며, 여기서 내가 원하는 정보를 찾는 것을 정보검색, 즉 소위 말하는 인터넷 서핑이라 할 수 있다. 지금은 다행히 검색방법이 발전하여 문장검색용 검색엔진과 자연어 검색방법도 보급되어 네티즌들로부터 대환영을 받고 있다. 검색이 그만큼 쉬워졌다는 것이다. 이러한 발전에 맞추어 정보화 사회에서는 궁극적으로 타인의 힘을 빌리지 않고 내가 원하는 정보는 무엇이든지 다 찾을 수가 있도록 되어야 한다. 즉, 당신은 자신이 가고 싶은 곳의 정보라든지 궁금한 사항을 스스로 해결할 정도는 되어야 한다는 것이다.

둘째, 정보관리이다. 인터넷에서 어렵게 검색하여 찾아낸 결과를 관리하지 못하여 머리 속에만 입력하고, 컴퓨터를 끄고 나면 잊어버리는 것은 정보관리를 못하는 것이다. 자기가 검색한 내용에 대하여 파일로 만들어 보관하든, 프린터로 출력하여 인쇄물로 보관하든, 언제든지 필요할 때 다시 볼 수 있을 정도가 되어야 하는 것이다.

셋째, 정보전파이다. 이것은 정보관리를 못한 사람은 어렵다. 오로지 입을 이용해서만 전파가 가능하기 때문이다. 요즘은 전자우편과 SNS를 이용해서 정보를 전달하기 때문에 정보전파가 매우 쉽다. 참으로 편리한 세상이 아닐 수 없다. 인터넷만 이용하면 편안히 서울에 앉아서 미국에도 논문을 보낼 수 있는 것이다.

① 내일 축구에서 승리하는 국가를 맞추기 위해 선발 선수들의 특징을 파악해야겠어.
② 다음주 제주도 여행을 위해서 다음주 날씨를 요일별로 잘 파악해서 기억해 둬야지.
③ 라면을 맛있게 조리할 수 있는 나만의 비법을 SNS에 올려야지.
④ 내가 가진 금액에 맞는 의자를 사기 위해 가격 비교 사이트를 이용해야겠다.

33 다음은 H사원이 2025년도 구입 예정 물품을 엑셀로 정리한 자료이다. 빈칸 ⓐ에 들어갈 수량의 합계를 구하기 위한 방법으로 옳지 않은 것은?

	A	B	C	D	E
1					
2					
3					
4		구분	단가	수량	금액
5		대용량 하드	1,000,000	100	100,000,000
6		대형 프린트	1,500,000	210	315,000,000
7		본체	1,350,000	130	175,500,000
8		노트북	2,000,000	40	80,000,000
9		합계		ⓐ	670,500,000

① SUM 함수를 활용한다.
② 자동합계 기능을 활용한다.
③ '+' 기호와 '=' 기호를 활용한다.
④ 〈Ctrl〉+〈Alt〉 기능을 활용한다.

34 C주임은 최근 개인정보 보호의 중요성을 실감하였고, 개인정보의 종류를 파악하기 위해 다음과 같이 표를 만들었다. 빈칸 ㉠ ~ ㉣에 들어갈 정보로 옳지 않은 것은?

분류	내용
일반정보	이름, 주민등록번호, 운전면허정보, 주소, 전화번호, 생년월일, 출생지, 본적지, 성별, 국적 등
가족정보	가족의 이름, 직업, 생년월일, ㉠, 출생지 등
교육 및 훈련정보	최종학력, 성적, 기술자격증 / 전문면허증, 이수훈련 프로그램, 서클 활동, 상벌사항, 성격 / 행태보고 등
병역정보	군번 및 계급, 제대유형, 주특기, 근무부대 등
부동산 및 동산정보	소유주택 및 토지, ㉡, 저축현황, 현금카드, 주식 및 채권, 수집품, 고가의 예술품, 보석 등
소득정보	연봉, 소득의 원천, ㉢, 소득세 지불 현황 등
기타 수익정보	보험가입현황, 수익자, 회사의 판공비 등
신용정보	저당, 신용카드, 담보설정 여부 등
고용정보	고용주, 회사주소, 상관의 이름, 직무수행 평가기록, 훈련기록, 상벌기록 등
법적정보	전과기록, 구속기록, 이혼기록 등
의료정보	가족병력기록, 과거 의료기록, 신체장애, 혈액형 등
조직정보	노조가입, ㉣, 클럽회원, 종교단체 활동 등
습관 및 취미정보	흡연 / 음주량, 여가활동, 도박성향, 비디오 대여기록 등

① ㉠ – 주민등록번호
② ㉡ – 자동차
③ ㉢ – 대부상황
④ ㉣ – 정당가입

35 다음은 조직심리학 수업을 수강한 학생들의 성적이다. 최종점수는 중간과 기말의 평균점수 90%, 출석점수 10%가 반영된다. 최종점수를 높은 순으로 나열했을 때, 1~2등은 A, 3~5등은 B, 나머지는 C를 받는다. 최종점수, 등수, 등급을 엑셀의 함수기능을 이용하여 작성하려고 할 때, 사용하는 함수가 아닌 것은?(단, 최종점수는 소수점 둘째 자리에서 반올림한다)

	A	B	C	D	E	F	G
1	이름	중간	기말	출석	최종점수	등수	등급
2	유재석	97	95	10	87.4	1	A
3	김종국	92	89	10	82.5	3	B
4	이광수	65	96	9	73.4	5	B
5	전소민	77	88	8	75.1	4	B
6	지석진	78	75	8	69.7	6	C
7	하하	65	70	7	61.5	7	C
8	송지효	89	95	10	83.8	2	A

① IFS
② AVERAGE
③ RANK
④ AVERAGEIFS

36 컴퓨터 시스템 구성요소 중 다음 설명에 해당하는 것은?

- 'Main Memory'라고 불린다.
- CPU 가까이에 위치하며 반도체 기억장치 칩들로 고속 액세스가 가능하다.
- 가격이 높고 면적을 많이 차지한다.
- 저장 능력이 없으므로 프로그램 실행 중 일시적으로 사용이 가능하다.

① 중앙처리장치
② 주기억장치
③ 보조저장장치
④ 입출력장치

37 H공단 총무부에서 근무하는 S사원은 워드프로세서 프로그램을 사용해 결재 문서를 작성해야 하는데, 결재란을 페이지마다 넣고 싶다. 다음 중 S사원이 사용해야 하는 워드프로세서 기능은?

① 스타일
② 쪽 번호
③ 미주
④ 머리말

38 H공사에 새로 입사하게 된 A사원은 업무를 시작하기 위해 컴퓨터를 사용하려고 했으나, 다음과 같은 문제가 발생하여 관리팀에 문의를 하였다. 빈칸에 들어갈 적절한 해결방법이 아닌 것은?

> A사원 : 안녕하세요. 인사부 신입사원 ○○○입니다. 새로 배정받은 컴퓨터를 켰을 때, 하드디스크가 인식되지 않는다는 경고가 떴네요. 어떻게 조치하면 됩니까?
>
> 관리팀 : 네, 우선 _____을/를 해보세요.
>
> A사원 : 알려주신 방법으로 조치하니 제대로 작동합니다. 감사합니다.

① 메인보드와 연결하는 케이블의 접촉이 불량인지 확인
② 디스크 정리 프로그램을 실행시켜 불필요한 프로그램의 제거
③ 외부의 충격으로 하드디스크가 고장이 나지 않았는지 확인
④ CMOS Setup에서 하드디스크 설정이 올바르게 되어 있는지 확인

39 다음 중 파워포인트 도형에 대한 설명으로 옳지 않은 것은?

① 타원의 경우 도형 선택 후 〈Shift〉 버튼을 누르고 드래그하면 정원으로 크기 조절이 가능하다.
② 도형 선택 후 〈Shift〉 버튼을 누르고 도형을 회전시키면 30° 간격으로 회전시킬 수 있다.
③ 타원을 중심에서부터 정비례로 크기를 조절하려면 〈Ctrl〉+〈Shift〉 버튼을 함께 누른 채 드래그한다.
④ 도형 선택 후 〈Ctrl〉+〈D〉 버튼을 누르면 크기와 모양이 같은 도형이 일정한 간격으로 반복해서 나타난다.

40 다음 시트에서 [D2:D7] 영역처럼 표시하려고 할 때, [D2] 셀에 입력할 수식으로 옳은 것은?

	A	B	C	D
1	성명	주민등록번호	생년월일	성별
2	문혜정	961208-2111112	961208	여성
3	김성현	920511-1222222	920511	남성
4	신미숙	890113-2333333	890113	여성
5	이승훈	901124-1555555	901124	남성
6	최문섭	850613-1666666	850613	남성
7	성은미	000605-4777777	000605	여성

① =IF(B2="1", "여성", "남성")
② =IF(LEFT(B2,1)="1", "여성", "남성")
③ =IF(TEXT(B2,1)="1", "여성", "남성")
④ =IF(MID(B2,8,1)="1", "남성", "여성")

41 다음은 1호선 지하역사 공기질 측정 결과에 대한 자료이다. 〈보기〉 중 이에 대한 해석으로 옳지 않은 것을 모두 고르면?

〈1호선 지하역사 공기질 측정 결과〉

역사명	측정항목 및 기준								
	PM-10	CO_2	HCHO	CO	NO_2	Rn	석면	O_3	TVOC
	$\mu g/m^3$	ppm	$\mu g/m^3$	ppm	ppm	Bq/m^3	이하/cc	ppm	$\mu g/m^3$
기준치	140	1,000	100	9	0.05	148	0.01	0.06	500
1호선 평균	91.4	562	8.4	0.5	0.026	30.6	0.01 미만	0.017	117.7
서울역	86.9	676	8.5	0.6	0.031	25.7	0.01 미만	0.009	56.9
시청	102.0	535	7.9	0.5	0.019	33.7	0.01 미만	0.022	44.4
종각	79.4	562	9.5	0.6	0.032	35.0	0.01 미만	0.016	154.4
종각3가	87.7	495	6.4	0.6	0.036	32.0	0.01 미만	0.008	65.8
종로5가	90.1	591	10.4	0.4	0.020	29.7	0.01 미만	0.031	158.6
동대문	89.4	566	9.2	0.7	0.033	28.5	0.01 미만	0.016	97.7
동묘앞	93.6	606	8.3	0.5	0.018	32.0	0.01 미만	0.023	180.4
신설동	97.1	564	4.8	0.4	0.015	44.5	0.01 미만	0.010	232.1
제기동	98.7	518	8.0	0.5	0.024	12.0	0.01 미만	0.016	98.7
청량리	89.5	503	11.4	0.6	0.032	32.5	0.01 미만	0.014	87.5

〈보기〉

㉠ CO가 1호선 평균보다 낮게 측정된 역사는 종로5가역과 신설동역이다.
㉡ HCHO가 가장 높게 측정된 역과 가장 낮게 측정된 역의 평균은 1호선 평균 HCHO 수치보다 높다.
㉢ 시청역은 PM-10이 가장 높게 측정됐지만, TVOC는 가장 낮게 측정되었다.
㉣ 청량리역은 3가지 항목에서 1호선 평균이 넘는 수치가 측정됐다.

① ㉠, ㉡
② ㉠, ㉢
③ ㉡, ㉢
④ ㉡, ㉣

42 다음 중 시간적 변화에 따른 수량의 변화를 표현하기에 적합한 형태의 그래프는 무엇인가?

① 층별 그래프   ② 원 그래프

③ 막대 그래프   ④ 선 그래프

43 다음은 2024년 연령별 인구수 현황을 나타낸 그래프이다. 연령대를 기준으로 남성 인구가 40% 이하인 연령대 ㉠과 여성 인구가 50% 초과 60% 이하인 연령대 ㉡이 바르게 연결된 것은?(단, 소수점 둘째 자리에서 반올림한다)

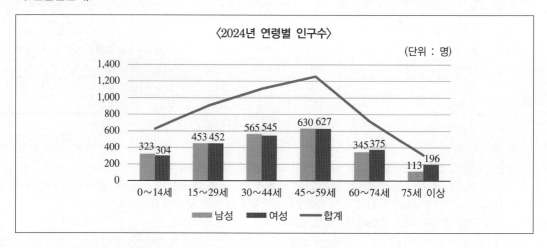

        ㉠   ㉡

① 0~14세   15~29세

② 30~44세   15~29세

③ 45~59세   60~74세

④ 75세 이상   60~74세

44 농도가 15%인 소금물을 5% 증발시킨 후 농도가 30%인 소금물 200g을 모두 섞어서 농도가 20%인 소금물을 만들었다. 증발 전 농도가 15%인 소금물의 양은?

① 500g   ② 450g

③ 400g   ④ 350g

45 가영이는 찬형이에게 2시간 뒤에 돌아올 때까지 2,400L의 물이 들어가는 수영장에 물을 가득 채워 달라고 했다. 찬형이는 1분에 20L의 물을 채우면 수영장이 2시간 안에 가득 채워지는 것을 알고, 1분에 20L의 물을 채우기 시작했다. 그런데 20분이 지난 후, 수영장 안을 살펴보니 금이 가 있어서 수영장의 $\frac{1}{12}$ 밖에 차지 않았다. 가영이가 돌아왔을 때 수영장에 물이 가득 차 있으려면 찬형이는 남은 시간 동안 1분에 최소 몇 L 이상의 물을 더 부어야 하는가?

① 29L ② 30L

③ 31L ④ 32L

46 다음은 2024년 하반기 부동산시장 소비심리지수에 대한 자료이다. 이에 대한 설명으로 옳지 않은 것은?

〈2024년 하반기 부동산시장 소비심리지수〉

구분	7월	8월	9월	10월	11월	12월
서울특별시	128.8	130.5	127.4	128.7	113.8	102.8
인천광역시	123.7	127.6	126.4	126.6	115.1	105.6
경기도	124.1	127.2	124.9	126.9	115.3	103.8
부산광역시	126.5	129.0	131.4	135.9	125.5	111.5
대구광역시	90.3	97.8	106.5	106.8	99.9	96.2
광주광역시	115.4	116.1	114.3	113.0	109.3	107.0
대전광역시	115.8	119.4	120.0	126.8	118.5	113.8
울산광역시	101.2	106.0	111.7	108.8	105.3	95.5
강원도	135.3	134.1	128.3	131.4	124.4	115.5
충청북도	109.1	108.3	108.8	110.7	103.6	103.1
충청남도	105.3	110.2	112.6	109.6	102.1	98.0
전라북도	114.6	117.1	122.6	121.0	113.8	106.3
전라남도	121.7	123.4	120.7	124.3	120.2	116.6
경상북도	97.7	100.2	100.0	96.4	94.8	96.3
경상남도	103.3	108.3	115.7	114.9	110.0	101.5

※ 부동산시장 소비심리지수는 0 ~ 200의 값으로 표현되며, 지수가 100을 넘으면 전월에 비해 가격상승 및 거래증가 응답자가 많음을 의미한다.

① 2024년 7월 소비심리지수가 100 미만인 지역은 두 곳이다.

② 서울특별시의 2024년 7월 대비 2024년 12월의 소비심리지수 감소율은 19% 미만이다.

③ 2024년 11월 모든 지역의 소비심리지수가 전월보다 감소했다.

④ 2024년 9월에 비해 2024년 10월에 가격상승 및 거래증가 응답자가 적었던 지역은 경상북도 한 곳이다.

47 다음은 A, B 두 지역의 평균기온과 강수량을 나타낸 자료이다. 이를 그래프로 나타낼 때 옳지 않은 것은?

〈A지역 평균기온 및 강수량〉

구분	평균기온(℃)	강수량(mm)
1월	−5.0	22
2월	−3.2	25
3월	0	35
4월	6.5	41
5월	11.4	80
6월	16.7	105
7월	20.5	120
8월	23.8	157
9월	19.5	112
10월	11.4	64
11월	1.0	55
12월	−4.8	29

〈B지역 평균기온 및 강수량〉

구분	평균기온(℃)	강수량(mm)
1월	−1.2	30
2월	0.5	25
3월	5.7	34
4월	12.4	55
5월	17.9	90
6월	24.0	104
7월	30.1	180
8월	33.6	200
9월	35.4	152
10월	24.1	84
11월	18.4	36
12월	10.0	26

① A지역 평균기온 및 강수량

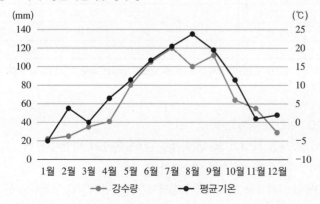

② B지역 평균기온 및 강수량

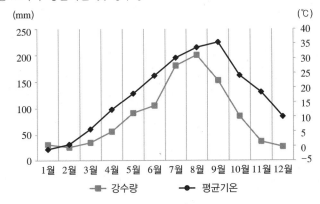

③ A, B지역 월별 강수량

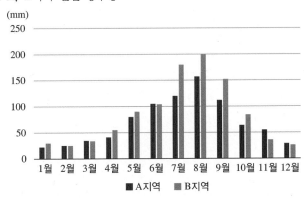

④ A, B지역 월별 평균기온

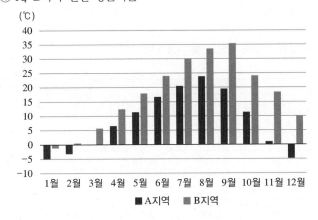

48 다음은 H대학교의 적성고사 평가 방법을 안내한 자료이다. H대학교 적성고사를 본 A~E의 틀린 문항 수가 〈보기〉와 같을 때, A~E의 평균 점수는?

〈H대학교 적성고사 평가 방법〉

계열	산출 공식
인문계열	(국어 20문항×4점)+(수학 20문항×3점)+(영어 10문항×3점)+기본점수 230점=400점
자연계열	(국어 20문항×3점)+(수학 20문항×4점)+(영어 10문항×3점)+기본점수 230점=400점

〈보기〉

구분	계열	국어	수학	영어
A	인문계열	2개	3개	5개
B	자연계열	3개	7개	2개
C	인문계열	8개	6개	4개
D	인문계열	3개	9개	7개
E	자연계열	1개	2개	4개

① 354점   ② 356점
③ 358점   ④ 360점

49 다음은 국가별 연구비에 대한 부담원과 사용조직을 나타낸 자료이다. 이에 대한 설명으로 옳은 것은?

〈국가별 연구비 부담원 및 사용조직〉

(단위 : 억 엔)

부담원	사용조직	일본	미국	독일	프랑스	영국
정부	정부	8,827	33,400	6,590	7,227	4,278
	산업	1,028	71,300	4,526	3,646	3,888
	대학	10,921	28,860	7,115	4,424	4,222
산업	정부	707	0	393	52	472
	산업	81,161	145,000	34,771	11,867	16,799
	대학	458	2,300	575	58	322

① 독일 정부가 부담하는 연구비는 미국 정부가 부담하는 연구비의 약 절반이다.
② 정부 부담 연구비 중에서 산업 조직의 사용 비율이 가장 높은 나라는 프랑스이다.
③ 산업이 부담하는 연구비를 산업 조직이 가장 높은 비율로 사용하는 나라는 프랑스이다.
④ 미국의 대학이 사용하는 연구비는 일본의 대학이 사용하는 연구비의 두 배 미만이다.

50 다음은 연구개발비에 대한 자료이다. 이에 대한 〈보기〉 중 옳은 것을 모두 고르면?

〈주요 산업국 연도별 연구개발비 추이〉

(단위 : U.S 백만 달러)

구분	2019년	2020년	2021년	2022년	2023년	2024년
한국	23,587	28,641	33,684	31,304	29,703	37,935
중국	29,898	37,664	48,771	66,430	84,933	–
일본	151,270	148,526	150,791	168,125	169,047	–
독일	69,317	73,737	84,148	97,457	92,552	92,490
영국	39,421	42,693	50,016	47,138	40,291	39,924
미국	325,936	350,923	377,594	403,668	401,576	–

〈보기〉

ㄱ. 2023년에 전년 대비 연구개발비가 감소한 곳은 4개국이다.
ㄴ. 2019년 대비 2023년의 연구개발비 증가율이 가장 높은 곳은 중국이고, 가장 낮은 곳은 일본이다.
ㄷ. 전년 대비 2021년 한국의 연구개발비 증가율은 독일보다 높고, 중국보다 낮다.

① ㄱ, ㄴ

② ㄱ, ㄷ

③ ㄴ, ㄷ

④ ㄱ, ㄴ, ㄷ

2일 차
기출응용 모의고사

〈문항 및 시험시간〉

평가영역	문항 수	시험시간	모바일 OMR 답안채점/성적분석 서비스
의사소통＋문제해결＋조직이해＋정보＋수리	50문항	50분	

2일 차 기출응용 모의고사

문항 수 : 50문항
응시시간 : 50분

01 다음 글에서 버클리의 견해로 적절한 것을 〈보기〉에서 모두 고르면?

> 세계관은 세계의 존재와 본성, 가치 등에 관한 신념들의 체계이다. 세계를 해석하고 평가하는 준거인 세계관은 곧 우리 사고와 행동의 토대가 되므로, 우리는 최대한 정합성과 근거를 갖추도록 노력해야 한다. 모순되거나 일관되지 못한 신념은 우리의 사고와 행동을 교란할 것이므로 세계관에 대한 관심과 검토는 중요하다. 세계관을 이루는 여러 신념 가운데 가장 근본적인 수준의 신념은 '세계는 존재한다.'이다. 이 신념이 성립해야만 세계에 관한 다른 신념, 이를테면 세계가 항상 변화한다든가 불변한다든가 하는 등의 신념이 성립하기 때문이다.
>
> 실재론은 이 근본적 신념에 덧붙여 세계가 '우리 정신과 독립적으로' 존재함을 주장한다. 내가 만들어 날린 종이비행기는 멀리 날아가, 볼 수 없게 되었다 해도 여전히 존재한다. 이는 명확해서 논란의 여지가 없어 보이지만, 반실재론자는 이 상식에 도전한다. 유명한 반실재론자인 버클리는 세계의 독립적 존재를 부정한다. 그에 따르면, 우리가 감각 경험에 의존하지 않고는 세계를 인식할 수 없다고 한다. 그는 이를 바탕으로 세계에 관한 주장을 편다. 그에 의하면 '주관적' 성질인 색깔, 소리, 냄새, 맛 등은 물론, '객관적'으로 성립한다고 여겨지는 형태, 공간을 차지함, 딱딱함, 운동 등의 성질도 오로지 우리가 감각할 수 있을 때만 존재하는 주관적 속성이다. 세계 속의 대상과 현상이란 이런 속성으로 구성되므로 세계는 감각으로 인식될 때만 존재한다는 것이다.
>
> 버클리의 주장은 우리의 통념과 충돌한다. 당시 어떤 사람이 돌을 차면서 "나는 이렇게 버클리를 반박한다!"라고 외쳤다고 한다. 그는 날아간 돌이 엄연히 존재한다는 점을 근거로 버클리의 주장을 반박하고자 한 것이다. 그러나 버클리를 비롯한 반실재론자들이 부정한 것은 세계가 정신과 독립하여 그 자체로 존재한다는 신념이다. 따라서 돌을 찬 사람은 그들을 제대로 반박하지 못했다고 볼 수 있다.
>
> 최근까지도 새로운 형태의 반실재론이 제기되어 활발한 논의가 진행 중이다. 논증의 성패를 떠나 반실재론자는 타성에 젖은 실재론적 세계관의 토대에 대해 성찰할 기회를 제공한다. 또한 세계관에 대한 도전과 응전의 반복은 그 자체로 인간 지성이 상호 소통하면서 발전해 가는 과정을 보여준다.

〈보기〉
ㄱ. 번개가 치는 현상은 감각 경험으로 구성된 것이다.
ㄴ. '비둘기가 존재한다.'는 '비둘기가 지각된다.'와 같은 뜻이다.
ㄷ. 우리에게 지각되는 책상은 우리의 인식 이전에 그 자체로 존재한다.
ㄹ. 사과의 단맛은 주관적인 속성이며, 둥근 모양은 객관적 속성이다.

① ㄱ, ㄴ
② ㄱ, ㄷ
③ ㄴ, ㄷ
④ ㄴ, ㄹ

02 다음 글을 토대로 〈보기〉를 해석한 내용으로 적절하지 않은 것은?

자기 조절은 목표 달성을 위해 자신의 사고·감정·욕구·행동 등을 바꾸려는 시도인데, 목표를 달성한 경우는 자기 조절의 성공을, 반대의 경우는 자기 조절의 실패를 의미한다. 이에 대한 대표적인 이론으로는 앨버트 반두라의 '사회 인지 이론'과 로이 바우마이스터의 '자기 통제 힘 이론'이 있다. 반두라의 사회 인지 이론에서는 인간이 자기 조절 능력을 선천적으로 가지고 있다고 본다. 이런 특징을 가진 인간은 가치 있는 것을 획득하기 위해 행동하거나 두려워하는 것을 피하기 위해 행동한다. 반두라에 따르면, 자기 조절은 세 가지의 하위 기능인 자기 검열, 자기 판단, 자기 반응의 과정을 통해 작동한다. 자기 검열은 자기 조절의 첫 단계로, 선입견이나 감정을 배제하고 자신이 지향하는 목표와 관련하여 자신이 놓여 있는 상황과 현재 자신의 행동을 감독·관찰하는 것을 말한다. 자기 판단은 목표 성취와 관련된 개인의 내적 기준인 개인적 표준, 현재 자신이 처한 상황, 그리고 자신이 하게 될 행동 이후 느끼게 될 정서 등을 고려하여 자신이 하고자 하는 행동을 결정하는 것을 말한다. 그리고 자기 반응은 자신이 한 행동 이후에 자신에게 부여하는 정서적 현상을 의미하는데, 자신이 지향하는 목표와 관련된 개인적 표준에 부합하는 행동은 만족감이나 긍지라는 자기 반응을 만들어 내고, 그렇지 않은 행동은 죄책감이나 수치심이라는 자기 반응을 만들어 낸다.

한편 바우마이스터의 자기 통제 힘 이론은, 사회 인지 이론의 기본적인 틀을 유지하면서 인간의 심리적 현상에 대해 자연과학적 근거를 찾으려는 경향이 대두되면서 등장하였다. 이 이론에서 말하는 자기 조절은 개인의 목표 성취와 관련된 개인적 표준, 자신의 행동을 관찰하는 모니터링, 개인적 표준에 도달할 수 있게 하는 동기, 자기 조절에 들이는 에너지로 구성된다. 바우마이스터는 그중 에너지의 양이 목표 성취의 여부에 결정적인 영향을 준다고 보기 때문에 자기 조절에서 특히 에너지의 양적인 측면을 중시한다. 바우마이스터에 따르면 다양한 자기 조절 과업에서 개인은 자신이 가지고 있는 에너지를 사용하는데, 에너지의 양은 제한되어 있기 때문에 지속적으로 자기 조절에 성공하기 위해서는 에너지를 효율적으로 사용해야 한다. 그런데 에너지를 많이 사용한다 하더라도 에너지가 완전히 고갈되는 상황은 벌어지지 않는다. 그 이유는 인간이 긴박한 욕구나 예외적인 상황을 대비하여 에너지의 일부를 남겨 두기 때문이다.

〈보기〉

S씨는 건강관리를 삶의 가장 중요한 목표로 삼았다. 우선 그녀는 퇴근하는 시간이 규칙적인 자신의 근무 환경을, 그리고 과식을 하고 운동을 하지 않는 자신을 관찰했다. 그래서 퇴근 후의 시간을 활용해 일주일에 3번 필라테스를 하고, 균형 잡힌 식단에 따라 식사를 하겠다고 다짐했다. 한 달 후 S씨는 다짐한 대로 운동을 해서 만족감을 느꼈다. 그러나 균형 잡힌 식단에 따라 식사를 하지는 못했다.

① 반두라에 따르면 S씨는 식단 조절에 실패함으로써 죄책감이나 수치심을 느꼈을 것이다.

② 반두라에 따르면 S씨는 선천적인 자기 조절 능력을 통한 자기 검열, 자기 판단, 자기 반응의 자기 조절 과정을 거쳤다.

③ 바우마이스터에 따르면 S씨는 운동하는 데 모든 에너지를 사용하여 에너지가 고갈됨으로써 식단 조절에 실패했다.

④ 바우마이스터에 따르면 S씨는 건강관리라는 개인적 표준에 도달하기 위해 자신의 근무 환경과 행동을 모니터링하였다.

03 다음 글의 빈칸에 들어갈 내용으로 가장 적절한 것은?

상품을 만들어 파는 사람이 그 수고의 대가를 받고 이익을 누리는 것은 당연하다. 하지만 그 이익이 다른 사람의 고통을 무시하고 얻어진 경우에는 정당하지 않을 수 있다. 제3세계에 사는 많은 환자가 신약 가격을 개발국인 선진국의 수준으로 유지하는 거대 제약회사의 정책 때문에 고통 속에서 죽어가고 있다. 그 약값을 감당할 수 있는 선진국이 보기에도 이는 이익이란 명분 아래 발생하는 끔찍한 사례이다. 이러한 비난의 목소리가 높아지자 제약회사의 대규모 투자자 중 일부는 자신들의 행동이 윤리적인지 고민하기 시작했다. 사람들이 약값 때문에 약을 구할 수 없다는 것은 분명히 잘못된 일이다. 하지만 그렇다고 해서 국가가 제약회사들에게 손해를 감수하라는 요구를 할 수는 없다는 데 사태의 복잡성이 있다.

신약을 개발하는 일에는 막대한 비용과 시간이 들며, 그 안전성 검사가 법으로 정해져 있어서 추가 비용이 발생한다. 이를 상쇄하기 위해 제약회사들은 시장에서 최대한 이익을 뽑아내려 한다. 얼마나 많은 환자가 신약을 통해 고통에서 벗어나는가에 대한 관심을 이들에게 기대하긴 어렵다. 그러나 만약 제약회사들이 존재하지 않는다면 신약 개발도 없을 것이다.

그렇다면 상업적 고려와 인간의 건강 사이에 존재하는 긴장을 어떻게 해소해야 할까? 제3세계의 환자를 치료하는 일은 응급사항이며, 제약회사들이 자선하리라고 기대하는 것은 비현실적이다. 그렇다면 그 대안은 명백하다. _____ 물론 여기에도 문제는 있다. 이 대안이 왜 실현되기 어려운 걸까? 그 이유가 무엇인지는 우리가 자신의 주머니에 손을 넣어 거기에 필요한 돈을 꺼내는 순간 알게 될 것이다.

① 제3세계에 제공되는 신약 가격을 선진국과 같게 해야 한다.
② 제3세계 국민에게 필요한 신약을 선진국 국민이 구매하여 전달해야 한다.
③ 선진국들은 자국의 제약회사가 제3세계에 신약을 저렴하게 공급하도록 강제해야 한다.
④ 각국 정부는 거대 제약회사의 신약 가격 결정에 자율권을 주어 개발 비용을 보상받을 수 있게 해야 한다.

04 의사표현에서는 말하는 사람이 말하는 순간 듣는 사람이 바로 알아들을 수 있어야 하기 때문에 어떠한 언어를 사용하는지가 매우 중요하다. 다음 〈보기〉 중 의사표현에 사용되는 언어로 적절하지 않은 것을 모두 고르면?

┌─────────────────────────〈보기〉─────────────────────────┐
│ ㉠ 이해하기 쉬운 언어   ㉡ 상세하고 구체적인 언어   │
│ ㉢ 간결하면서 정확한 언어   ㉣ 전문적 언어   │
│ ㉤ 단조로운 언어   ㉥ 문법적 언어   │
└──┘

① ㉠, ㉡   ② ㉡, ㉢

③ ㉢, ㉥   ④ ㉣, ㉤

05 다음 글의 전개 방식으로 가장 적절한 것은?

> '새로운 진실을 밝힌다는 것'은 세계 전체의 범위를 두고 하는 말이다. 학문은 전 세계 누구도 모르고 있던 진실을 밝혀 새로운 지식을 만들어내는 제조업이다. 이미 만들어진 지식을 전달하고 보급하는 유통업은 학문이 아니다. 그러나 제조업은 유통업의 도움이 필요하며, 유통업의 기여를 무시할 수 없다. 그러나 기여하는 바가 크다 하더라도 유통업을 제조업으로 간주할 수는 없다. 마치 외국 학문의 최신 동향을 신속하고 정확하게 소개하는 것을 자랑으로 삼는 사람을 학자라고 할 수는 없는 것처럼 말이다. 즉, 지식의 제조업과 유통업은 서로 다른 활동이다. 학문을 위한 경쟁에는 국내 경기가 없고 국제 경기밖에 없다.
>
> 외국에서는 관심을 가지기 어려운 우리 국학의 연구 업적이라도 보편적인 원리 발견에 얼마나 기여했는가에 따라 평가해야 함이 마땅하다. 남들의 학설을 소개하는 데 그치고 자기 관점에서 창의적인 논의를 전개하지는 않거나, 새로운 자료를 발견했다고 자랑하면서 자료의 의의를 논증하는 연구를 하지 않는 것은 둘 다 학문의 영역에서 벗어나 있는 장외 경기에 지나지 않는다.

① 참인 전제를 활용하여 간접추리 방식으로 결론을 도출했다.

② 각종 예시를 통해 드러난 사실을 하나로 통합했다.

③ 비유와 상징으로 주장을 우회적으로 드러냈다.

④ 예상되는 반론을 하나씩 물리침으로써 주장을 강화했다.

06 다음 중 빈칸 ㉠~㉢에 들어갈 단어로 가장 적절한 것은?

> • 그는 부인에게 자신의 친구를 ㉠ 소개시켰다 / 소개했다.
> • 이 소설은 실제 있었던 일을 바탕으로 ㉡ 쓰인 / 쓰여진 것이다.
> • 자전거가 마주 오던 자동차와 ㉢ 부딪혔다 / 부딪쳤다.

	㉠	㉡	㉢
①	소개시켰다	쓰인	부딪혔다
②	소개시켰다	쓰여진	부딪혔다
③	소개했다	쓰인	부딪혔다
④	소개했다	쓰인	부딪쳤다

07 다음 글을 읽고 질문에 대한 답을 찾을 수 없는 것은?

> 해안에서 밀물에 의해 해수가 해안선에 제일 높게 들어온 곳과 썰물에 의해 제일 낮게 빠진 곳의 사이에 해당하는 부분을 조간대라고 한다. 지구상에서 생물이 살기에 열악한 환경 중 한 곳이 바로 이 조간대이다. 이곳의 생물들은 물에 잠겨 있을 때와 공기 중에 노출될 때라는 상반된 환경에 삶을 맞춰야 한다. 또한 갯바위에 부서지는 파도의 파괴력도 견뎌내야 한다. 빗물이라도 고이면 민물이라는 환경에 적응해야 하며, 강한 햇볕으로 바닷물이 증발하고 난 다음에는 염분으로 범벅된 몸을 추슬러야 한다. 이러한 극단적이고 변화무쌍한 환경에 적응할 수 있는 생물만이 조간대에서 살 수 있다.
> 조간대는 높이에 따라 상부, 중부, 하부로 나뉜다. 바다로부터 가장 높은 곳인 상부는 파도가 강해야만 물이 겨우 닿는 곳이다. 그래서 조간대 상부에 사는 생명체는 뜨거운 태양열을 견뎌내야 한다. 중부는 만조 때에는 물에 잠기지만, 간조 때에는 공기 중에 노출되는 곳이다. 그런데 물이 빠져 공기 중에 노출되었다 해도 파도에 의해 어느 정도의 수분은 공급된다. 가장 아래에 위치한 하부는 간조 때를 제외하고는 항상 물에 잠겨 있다. 땅 위 환경의 영향을 적게 받는다는 점에선 다소 안정적이긴 해도 파도의 파괴력을 이겨내기 위해 강한 부착력을 지녀야 한다는 점에서 생존이 쉽지 않은 곳이다.
> 조간대에 사는 생물들은 불안정하고 척박한 바다 환경에 적응하기 위해 높이에 따라 종이 수직적으로 분포한다. 조간대를 찾았을 때 총알고둥류와 따개비들을 발견했다면 그곳이 조간대에서 물이 가장 높이 올라오는 지점인 것이다. 이들은 상당 시간 물 밖에 노출되어도 수분 손실을 막기 위해 패각과 덮개판을 꼭 닫은 채로 물이 밀려올 때까지 버텨낼 수 있다.

① 조간대에서 총알고둥류가 사는 곳은 어느 지점인가?
② 조간대의 중부에 사는 생물에는 어떠한 것이 있는가?
③ 조간대에서 높이에 따라 생물의 종이 수직으로 분포하는 이유는 무엇인가?
④ 조간대에 사는 생물들이 견뎌야 하는 환경적 조건에는 어떠한 것이 있는가?

08 다음 글의 제목으로 가장 적절한 것은?

20세기 한국 사회는 내부 노동 시장에 의존한 평생직장 개념을 갖고 있었으나, 1997년 외환위기 이후 인력 관리의 유연성이 향상되면서 그것은 사라지기 시작하였다. 기업은 필요한 우수 인력을 외부 노동 시장에서 적기에 채용하고, 저숙련 인력은 주변화하여 비정규직을 계속 늘려간다는 전략을 구사하고 있다. 이러한 기업의 인력 관리 방식에 따라서 실업률은 계속 하락하는 동시에 주당 18시간 미만으로 일하는 불완전 취업자가 매우 증가하고 있다.

이러한 현상은 우리나라의 경제가 지식 기반 산업 위주로 점차 바뀌고 있음을 말해 준다. 지식 기반 산업이 주도하는 경제 체제에서는 고급 지식을 갖거나 숙련된 노동자는 더욱 높은 임금을 받게 된다. 다시 말해, 지식 기반 경제로의 이행은 지식 격차에 의한 소득 불평등의 심화를 의미한다. 우수한 기술과 능력을 가진 핵심 인력은 능력 개발 기회를 얻게 되어 '고급 기술 → 높은 임금 → 양질의 능력 개발 기회'의 선순환 구조를 갖지만, 비정규직·장기 실업자 등 주변 인력은 악순환을 겪을 수밖에 없다. 이러한 '양극화' 현상을 국가가 적절히 통제하지 못할 경우, 사회 계급 간의 간극은 더욱 넓어질 것이다. 결국 고도 기술 사회가 온다고 해도 자본주의 사회 체제가 지속되는 한, 사회 불평등 현상은 여전히 계급 간 균열선을 따라 존재하게 될 것이다. 국가가 포괄적 범위에서 강력하게 사회·정책적 개입을 추진하면 계급 간 차이를 현재보다는 축소시킬 수 있겠지만, 아주 없어지지는 못할 것이다.

사회 불평등 현상은 국가 간에도 발견된다. 각국 간 발전 격차가 지속·확대되면서 전 지구적 생산의 재배치는 이미 20세기 중엽부터 진행되어 왔다. 정보통신 기술은 지구의 자전 주기와 공간적 거리를 '장애물'에서 '이점'으로 변모시켰다. 그 결과, 전 지구적 노동 시장이 탄생하였다. 기업을 비롯한 각 사회 조직은 국경을 넘어 인력을 충원하고, 재화와 용역을 구입하고 있다. 개인들도 인터넷을 통해 이러한 흐름에 동참하고 있다. 생산 기능은 저개발국으로 이전되고, 연구·개발·마케팅 기능은 선진국으로 모여드는 경향이 지속·강화되어 국가 간 정보 격차가 확대되고 있다. 유비쿼터스 컴퓨팅 기술에 의거하여 전 지구 사회를 잇는 지역 간 분업은 앞으로 더욱 활발해질 것이다. 국가 간의 경제적 불평등 현상은 국제 자본 이동과 국제 노동 이동으로 표출되고 있다. 노동 집약적 부문의 국내 기업이 해외로 생산 기지를 옮기는 현상에서 나아가 초국적 기업화 현상이 본격적으로 대두되고 있다. 전 지구에 걸친 외부 용역 대치가 이루어지고, 콜센터를 외국으로 옮기는 현상도 보편화될 것이다.

① 국가 간 노동 인력의 이동이 가져오는 폐해
② 사회 계급 간 불평등 심화 현상의 해소 방안
③ 지식 기반 산업 사회에서의 노동 시장의 변화
④ 선진국과 저개발국 간의 격차 축소 정책의 필요성

09 다음 글에서 〈보기〉가 들어갈 위치로 가장 적절한 것은?

___㉠___ 우리는 보통 공간을 배경으로 사물을 본다. 그리고 시간이나 사유를 비롯한 여러 개념을 공간적 용어로 표현한다. 이처럼 공간에 대한 용어가 중의적으로 쓰이는 과정에서, 일상적으로 쓰는 용법과 달라 혼란을 겪기도 한다. ___㉡___ 공간에 대한 용어인 '차원' 역시 다양하게 쓰인다. 차원의 수는 공간 내에 정확하게 점을 찍기 위해 알아야 하는 수의 개수이다. 특정 차원의 공간은 한 점을 표시하기 위해 특정한 수가 필요한 공간을 의미한다. ___㉢___ 따라서 다차원 공간은 집을 살 때 고려해야 하는 사항들의 공간처럼 추상적일 수도 있고, 실제의 물리 공간처럼 구체적일 수도 있다. 이러한 맥락에서 어떤 사람을 1차원적 인간이라고 표현했다면 그것은 그 사람의 관심사가 하나밖에 없다는 것을 의미한다. ___㉣___

〈보기〉

집에 틀어박혀 스포츠만 관람하는 인간은 오로지 스포츠라는 하나의 정보로 기술될 수 있고, 그 정보를 직선 위에 점을 찍은 1차원 그래프로 표시할 수 있는 것이다.

① ㉠

② ㉡

③ ㉢

④ ㉣

10 다음 중 밑줄 친 ㉠~㉣의 수정 방안으로 적절하지 않은 것은?

학교에 재학 중인 학생들이 다양한 분야에서 노동 활동, 즉 아르바이트에 참여하고 있는 것은 오늘날 그리 드문 현상이 아니다. 실제로 예상보다 많은 청소년이 아르바이트를 하고 있거나, 아르바이트를 했던 경험이 있다고 응답했다. ㉠청소년들이 가장 많은 아르바이트는 '광고 전단 돌리기'였다. 전단지 아르바이트는 ㉡시급이 너무 높지만 아르바이트 중에서도 가장 짧은 시간에 할 수 있는 대표적인 단기 아르바이트로 유명하다. 이러한 특징으로 인해 대부분의 사람이 전단지 아르바이트를 꺼리게 되고, 돈은 필요하지만 학교에 다니면서 고정적으로 일하기는 어려운 청소년들이 주로 하게 된다고 한다. 전단지 아르바이트 다음으로는 음식점에서 아르바이트를 해보았다는 청소년들이 많았다. 음식점 중에서도 패스트푸드점에서 아르바이트를 하고 있거나 해보았다는 청소년들이 가장 많았는데, 패스트푸드점은 ㉢대체로 최저임금을 받거나 대형 프랜차이즈가 아닌 경우에는 최저임금마저도 주지 않는다는 조사 결과가 나왔다. 또한 식대나 식사를 제공하지 않아서 몇 시간 동안 서서 일하면서도 ㉣끼니만도 제대로 해결하지 못했던 경험을 한 청소년이 많은 것으로 밝혀졌다. 근로자로서 당연히 보장받아야 할 권리를 청소년이라는 이유로 보호받지 못하는 것이다.

① ㉠ : 호응 관계를 고려하여 '청소년들이 가장 많이 경험해 본'으로 수정한다.

② ㉡ : 앞뒤 문맥을 고려하여 '시급이 너무 낮지만'으로 수정한다.

③ ㉢ : 호응 관계를 고려하여 '대체로 최저임금으로 받거나'로 수정한다.

④ ㉣ : 호응 관계를 고려하여 '끼니조차'로 수정한다.

11 A ~ D는 한 판의 가위바위보를 한 후 그 결과에 대해 각각 두 가지의 진술을 하였다. 두 가지의 진술 중 하나는 반드시 참이고, 하나는 반드시 거짓이라고 할 때, 다음 중 항상 참인 것은?

A : C는 B를 이길 수 있는 것을 냈고, B는 가위를 냈다.
B : A는 C와 같은 것을 냈지만, A가 편 손가락의 수는 나보다 적었다.
C : B는 바위를 냈고, 그 누구도 같은 것을 내지 않았다.
D : A, B, C 모두 참 또는 거짓을 말한 순서가 동일하다. 이 판은 승자가 나온 판이었다.

① B와 같은 것을 낸 사람이 있다.
② 보를 낸 사람은 1명이다.
③ D는 혼자 가위를 냈다.
④ B가 기권했다면 가위를 낸 사람이 지는 판이다.

12 문제해결에 어려움을 겪고 있는 A대리는 상사인 B부장에게 면담을 요청하였고 B부장은 다음과 같이 조언하였다. B부장이 A대리에게 제시한 문제해결 사고방식으로 옳은 것은?

현재 당면하고 있는 문제와 그 해결방법에만 집착하지 말고, 그 문제와 해결방안이 상위 시스템과 어떻게 연결되어 있는지를 생각해 보세요.

① 전략적 사고　　　　　　② 창의적 사고
③ 분석적 사고　　　　　　④ 발상의 전환

13 아마추어 야구 리그에서 활동하는 A ~ D팀은 빨간색, 노란색, 파란색, 보라색 중에서 매년 상징하는 색을 바꾸고 있다. 다음 〈조건〉을 참고할 때, 반드시 참인 것은?

---〈조건〉---

- 하나의 팀은 하나의 상징색을 갖는다.
- 이전에 사용했던 상징색을 다시 사용할 수는 없다.
- A팀과 B팀은 빨간색을 사용한 적이 있다.
- B팀과 C팀은 보라색을 사용한 적이 있다.
- D팀은 노란색을 사용한 적이 있고, 올해는 파란색을 선택하였다.

---

① A팀은 파란색을 사용한 적이 있어 다른 색을 골라야 한다.
② A팀의 상징색은 노란색이 될 것이다.
③ C팀의 상징색은 빨간색이 될 것이다.
④ D팀은 보라색을 사용한 적이 있다.

14 자사에 적합한 인재를 채용하기 위해 면접을 진행 중인 H회사의 2차 면접에서는 어떤 주제나 주장 등에 대해서 적극적으로 분석하고 종합하며 평가하는 능동적 사고인 비판적 사고를 평가한다고 할 때, 다음 중 가장 낮은 평가를 받게 될 사람은?

① A : 문제에 대한 개선방안을 찾기 위해서는 먼저 자료를 충분히 분석하고, 이를 바탕으로 객관적이고 과학적인 해결방안을 제시해야 한다고 생각합니다.

② B : 저는 문제의 원인을 찾기 위해서는 항상 왜, 언제, 누가, 어디서 등의 다양한 질문을 던져야 한다고 생각합니다. 이러한 호기심이 결국 해결방안을 찾는 데 큰 도움이 된다고 생각하기 때문입니다.

③ C : 저는 제 나름의 신념을 갖고 문제에 대한 해결방안을 찾으려 노력합니다. 상대방의 의견이 제 신념에서 벗어난다면 저는 인내를 갖고 끝까지 상대를 설득할 것입니다.

④ D : 해결방안을 도출하는 데 있어서는 개인의 감정적 · 주관적 요소를 배제해야 합니다. 사사로운 감정이나 추측보다는 경험적으로 입증된 증거나 타당한 논증을 토대로 판단해야 합니다.

15 다음 중 영업팀 A사원에게 해 줄 수 있는 조언으로 가장 적절한 것은?

> 제약회사의 영업팀에 근무 중인 A사원은 성장세를 보이고 있는 타사에 비해 자사의 수익과 성과가 지나치게 적다는 것을 알았다. 그 이유에 대해 알아보기 위해 타사에 근무하고 있는 친구에게 물어본 결과 친구의 회사에서는 영업사원을 대상으로 판매 교육을 진행한다는 것을 알게 되었다. A사원은 이를 바탕으로 개선 방향에 대한 보고서를 제출하였으나, A사원의 상사는 구체적인 문제해결 방법이 될 수 없다며 A사원의 보고서를 반려하였다.

① 문제와 해결방안이 상위 시스템과 어떻게 연결되어 있는지 생각하는 전략적 사고가 필요합니다.

② 전체를 각각의 요소로 나누어 요소마다 의미를 도출한 후 구체적인 문제해결 방법을 실행하는 분석적 사고가 필요합니다.

③ 기존에 가지고 있는 인식의 틀을 전환하여 새로운 관점에서 세상과 사물을 바라보는 발상의 전환이 필요합니다.

④ 문제해결에 필요한 기술, 재료, 방법 등 필요한 자원 확보 계획을 수립하고, 내·외부자원을 효과적으로 활용해야 합니다.

16 H공사의 비품실에는 6개 층으로 된 선반이 있고, 다음 〈조건〉에 따라 항상 선반의 정해진 층에 회사 비품을 정리한다. 이에 근거하여 바르게 추론한 것은?

───────────────〈조건〉───────────────
- 선반의 홀수 층에는 두 개의 물품을 두고, 짝수 층에는 하나만 둔다.
- 간식은 2층 선반에 위치한다.
- 볼펜은 간식보다 아래층에 있다.
- 보드마카와 스테이플러보다 위층에 있는 물품은 한 개이다.
- 믹스커피와 종이컵은 같은 층에 있으며, 간식의 바로 위층이다.
- 화장지와 종이 사이에는 두 개의 물품이 위치하며, 화장지가 종이 위에 있다.
- 볼펜 옆에는 메모지가 위치한다.

① 종이 아래에 있는 물품은 5가지이며, 그중 하나는 종이컵이다.

② 보드마카 위에는 간식이 위치한다.

③ 간식과 종이컵 사이에는 메모지가 있다.

④ 화장지는 4층에, 종이는 3층에 있다.

17 귀하가 소속된 팀은 출장근무를 마치고 서울로 복귀하고자 한다. 다음 대화를 고려했을 때, 서울에 가장 일찍 도착할 수 있는 예정시각은 언제인가?(단, 시설별 왕복 소요시간만 고려한다)

〈상황〉

- 귀하가 소속된 팀원은 총 4명이다.
- 대전에서 출장을 마치고 서울로 돌아가려고 한다.
- 고속버스터미널에는 은행, 편의점, 화장실, 패스트푸드점 등이 있다.
  ※ 시설별 왕복 소요시간 : 은행 30분, 편의점 10분, 화장실 20분, 패스트푸드점 25분

〈대화 내용〉

A과장 : 긴장이 풀려서 그런가? 배가 출출하네. 패스트푸드점에서 햄버거라도 사 먹어야겠어.
B대리 : 저도 출출하긴 한데 그것보다 화장실이 더 급하네요. 금방 다녀오겠습니다.
C주임 : 그럼 그사이에 버스표를 사야 하니 은행에 들러 현금을 찾아오겠습니다.
 귀하 : 저는 그동안 버스 안에서 먹을 과자를 편의점에서 사 오겠습니다.
A과장 : 지금이 16시 50분이니까 다들 각자 볼일 보고 빨리 돌아와. 다 같이 타고 가야 하니까.

〈시외버스 배차정보〉

대전 출발시각	서울 도착 예정시각	잔여좌석 수
17:00	19:00	6좌석
17:15	19:15	8좌석
17:30	19:30	3좌석
17:45	19:45	4좌석
18:00	20:00	8좌석
18:15	20:15	5좌석
18:30	20:30	6좌석
18:45	20:45	10좌석
19:00	21:00	16좌석

① 17:45

② 19:15

③ 19:45

④ 20:15

18 H공단은 본사 근무환경 개선을 위해 공사를 시행할 업체를 선정하고자 한다. 다음 선정 방식에 따라 시행 업체를 선정할 때, 최종 선정될 업체는?

〈공사 시행 업체 선정 방식〉

• 평가 점수는 적합성 점수와 실적 점수, 입찰 점수를 1 : 2 : 1의 비율로 합산하여 산출한다.
• 평가 점수가 가장 높은 업체 한 곳을 최종 선정한다.
• 적합성 점수는 각 세부 항목의 점수를 합산하여 산출한다.
• 입찰 점수는 입찰 가격이 가장 낮은 곳부터 10점, 8점, 6점, 4점을 부여한다.
• 평가 점수가 동일한 경우, 실적 점수가 우수한 업체에 우선순위를 부여한다.

〈업체별 입찰 정보 및 점수〉

평가항목	업체	A	B	C	D
적합성 점수 (30점)	운영 건전성(8점)	8	6	8	5
	근무 효율성 개선(10점)	8	9	6	7
	환경친화 설계(5점)	2	3	4	5
	미적 만족도(7점)	4	6	5	3
실적 점수 (10점)	최근 2년 시공 실적(10점)	6	9	7	8
입찰 점수 (10점)	입찰 가격(억 원)	7	10	11	8

※ 미적 만족도 항목은 지난달에 시행한 내부 설문조사 결과에 기반한다.

① A업체
② B업체
③ C업체
④ D업체

19 다음은 아동수당에 대한 매뉴얼과 신청 방법에 대한 상담의 일부이다. 제시된 〈보기〉의 상담에서 고객의 문의에 대한 처리로 적절한 것을 모두 고르면?

〈아동수당〉

- 아동수당은 만 6세 미만 아동의 보호자에게 월 10만 원의 수당을 지급하는 제도이다.
- 아동수당은 보육료나 양육수당과는 별개의 제도로서 다른 복지급여를 받고 있어도 수급이 가능하지만, 반드시 신청을 해야 혜택을 받을 수 있다.
- 6월 20일부터 사전 신청 접수가 시작되고, 9월 21일부터 수당이 지급된다.
- 아동수당 수급대상 아동을 보호하고 있는 보호자나 대리인은 6월 20일부터 아동 주소지 읍·면·동 주민센터에서 방문 신청 또는 복지로 홈페이지 및 모바일 앱에서 신청할 수 있다.
- 아동수당 제도 첫 도입에 따라 초기에 아동수당 신청이 한꺼번에 몰릴 것으로 예상되어 연령별 신청기간을 운영한다(연령별 신청기간은 만 0 ~ 1세는 6월 20 ~ 25일, 만 2 ~ 3세는 26 ~ 30일, 만 4 ~ 5세는 7월 1 ~ 5일, 전 연령은 7월 6일부터이다).
- 아동수당은 신청한 달의 급여분(사전신청은 제외)부터 지급한다. 따라서 9월분 아동수당을 받기 위해서는 9월 말까지 아동수당을 신청해야 한다(단, 소급 적용은 되지 않는다).
- 아동수당 관련 신청서 작성요령이나 수급 가능성 등 자세한 내용은 아동수당 홈페이지에서 확인 가능하다.

〈보기〉

고객 : 저희 아이가 만 5세인데요. 아동수당을 지급받을 수 있나요?
(가) : 네, 만 6세 미만의 아동이면 9월 21일부터 10만 원의 수당을 지급받을 수 있습니다.
고객 : 제가 보육료를 지원받고 있는데, 아동수당도 받을 수 있는 건가요?
(나) : 아동수당은 보육료와는 별개의 제도로 신청만 하면 수당을 받을 수 있습니다.
고객 : 그럼 아동수당을 신청하려면 어떻게 해야 하나요?
(다) : 아동 주소지의 주민센터를 방문하거나 복지로 홈페이지 또는 모바일 앱에서 신청하시면 됩니다.
고객 : 따로 정해진 신청기간은 없나요?
(라) : 6월 20일부터 사전 신청 접수가 시작되고, 9월 말까지 아동수당을 신청하면 되지만 소급 적용이 되지 않습니다. 10월에 신청하시면 9월 아동수당은 지급받을 수 없으므로 9월 말까지 신청해 주시면 될 것 같습니다.
고객 : 네, 감사합니다.
(마) : 아동수당 관련 신청서 작성요령이나 수급 가능성 등의 자세한 내용은 메일로 문의해 주세요.

① (가), (나)
② (가), (마)
③ (가), (나), (다)
④ (나), (다), (라)

20 A~E 5명이 순서대로 퀴즈게임을 해서 벌칙을 받을 사람 1명을 결정하고자 한다. 다음 게임 규칙과 결과에 근거할 때, 〈보기〉 중 항상 옳은 것을 모두 고르면?

- 규칙
  - A → B → C → D → E 순서대로 퀴즈를 1개씩 풀고, 모두 한 번씩 퀴즈를 풀고 나면 한 라운드가 끝난다.
  - 퀴즈 2개를 맞힌 사람은 벌칙에서 제외되고, 다음 라운드부터는 게임에 참여하지 않는다.
  - 라운드를 반복하여 맨 마지막까지 남는 한 사람이 벌칙을 받는다.
  - 벌칙에서 제외되는 4명이 확정되면 라운드 중이라도 더 이상 퀴즈를 출제하지 않으며, 이 외에는 라운드 끝까지 퀴즈를 출제한다.
  - 게임 중 동일한 문제는 출제하지 않는다.
- 결과
  3라운드에서 A는 참가자 중 처음으로 벌칙에서 제외되었고, 4라운드에서는 오직 B만 벌칙에서 제외되었으며, 벌칙을 받을 사람은 5라운드에서 결정되었다.

〈보기〉

ㄱ. 5라운드까지 참가자들이 정답을 맞힌 퀴즈는 총 9개이다.

ㄴ. 게임이 종료될 때까지 총 22개의 퀴즈가 출제되었다면, E는 5라운드에서 퀴즈의 정답을 맞혔다.

ㄷ. 게임이 종료될 때까지 총 21개의 퀴즈가 출제되었다면, 퀴즈를 푸는 순서가 벌칙을 받을 사람 결정에 영향을 미친 것으로 볼 수 있다.

① ㄱ   ② ㄴ

③ ㄱ, ㄷ   ④ ㄴ, ㄷ

21 다음 〈보기〉 중 조직의 유형에 대한 설명으로 옳지 않은 것을 모두 고르면?

---〈보기〉---

㉠ 기업은 대표적인 영리 조직이다.

㉡ 병원, 대학은 영리 조직에 해당한다.

㉢ 최근 다국적 기업과 같은 대규모 조직이 증가하고 있다.

㉣ 공식 조직 내에서 비공식 조직들이 새롭게 생성되기도 한다.

㉤ 공직이 발달해 온 역사를 보면 공식 조직에서 자유로운 비공식 조직으로 발전해 왔다.

---

① ㉠, ㉡

② ㉡, ㉤

③ ㉠, ㉢, ㉣

④ ㉢, ㉣, ㉤

22 다음 〈보기〉 중 기계적 조직의 특징으로 옳은 것을 모두 고르면?

---〈보기〉---

㉠ 변화에 맞춰 쉽게 변할 수 있다.

㉡ 상하 간 의사소통이 공식적인 경로를 통해 이루어진다.

㉢ 대표적으로 사내 벤처팀, 프로젝트팀이 있다.

㉣ 구성원의 업무가 분명하게 규정되어 있다.

㉤ 다양한 규칙과 규제가 있다.

---

① ㉠, ㉡, ㉢

② ㉠, ㉣, ㉤

③ ㉡, ㉢, ㉣

④ ㉡, ㉣, ㉤

23 조직구조의 형태 중 사업별 조직구조는 제품이나 고객별로 부서를 구분하는 것이다. 다음 중 사업별 조직구조의 형태로 적절하지 않은 것은?

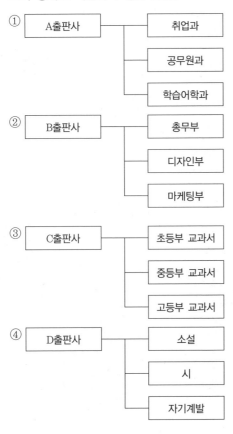

① A출판사 ── 취업과 / 공무원과 / 학습어학과

② B출판사 ── 총무부 / 디자인부 / 마케팅부

③ C출판사 ── 초등부 교과서 / 중등부 교과서 / 고등부 교과서

④ D출판사 ── 소설 / 시 / 자기계발

24 다음은 H공사 조직도의 변경 전 모습이다. 업무 효율을 높이기 위해 〈조건〉을 참고하여 조직도를 변경하였을 때, 잘못 배치한 것은?

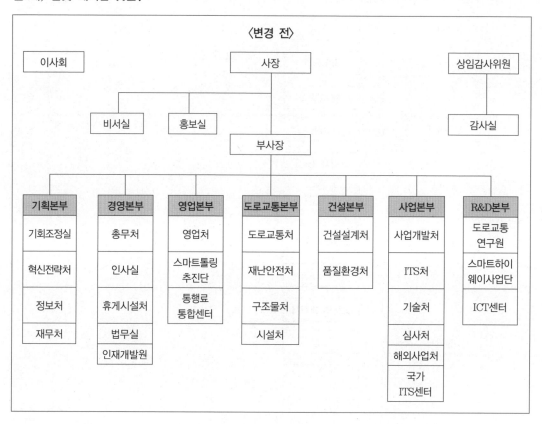

〈변경 전〉

| 이사회 | 사장 | 상임감사위원 |

비서실 　 홍보실 　 부사장 　 감사실

기획본부	경영본부	영업본부	도로교통본부	건설본부	사업본부	R&D본부
기회조정실	총무처	영업처	도로교통처	건설설계처	사업개발처	도로교통연구원
혁신전략처	인사실	스마트톨링추진단	재난안전처	품질환경처	ITS처	스마트하이웨이사업단
정보처	휴게시설처	통행료통합센터	구조물처		기술처	ICT센터
재무처	법무실		시설처		심사처	
	인재개발원				해외사업처	
					국가ITS센터	

〈조건〉

지금 우리 공사의 조직구성이 업무와 잘 맞지 않는다는 의견이 있어 여러 고심 끝에 조직체계를 새롭게 구성하였음을 알려드립니다. 먼저, 인사를 담당하고 있는 부서의 인력 충원에 따른 규모 확장과 직원들의 복지증진을 위해 권한을 확대하였기에 이에 따라 이름을 인력처로 변경하였습니다. 또한 부서별 특성과 업무의전문화를 고려하여 도로처와 교통처로 각각 분리하였으며, 이와 같은 이유로 건설설계처도 업무의 전문화와세분화를 위하여 두 개의 처로 분리하였습니다. 반면, 기술처와 심사처는 업무의 연관성을 고려하여 기술심사처로 통합하였습니다. 필요성이 꾸준히 제기되어 온 교통센터를 신설하여 도로교통본부에서 관리하게 될것이며, 초장대교량 기술의 발달과 건설 증대로 인한 관리가 중요해짐에 따라 초장대교량사업단을 임시로설치하여 연구개발본부 소속으로 활동하게 될 것입니다. 마지막으로 새로운 조직도를 첨부하오니, 미리 숙지하시어 업무에 혼동이 없도록 하시기 바랍니다.

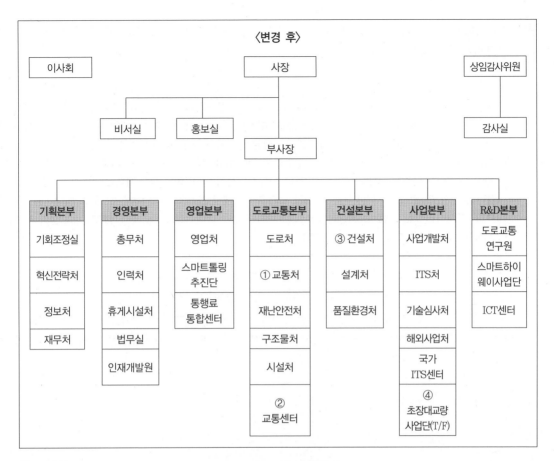

〈변경 후〉

① 교통처
③ 건설처
② 교통센터
④ 초장대교량사업단(T/F)

25 H회사에 근무하는 A씨가 다음 기사를 읽고 기업의 사회적 책임에 대해 생각해 볼 때, 이에 대한 내용으로 적절하지 않은 것은?

세계 자동차 시장 점유율 1위를 기록했던 일본의 T기업은 2009년 11월 가속페달의 매트 끼임 문제로 미국을 비롯해 전 세계적으로 1,000만 대가 넘는 사상 초유의 리콜을 했다. T기업의 리콜 사태에 대한 원인으로는 기계적 원인과 더불어 무리한 원가 절감, 과도한 해외생산 확대, 안일한 경영 등 경영상의 요인들이 제기되었다. 또 T기업은 급속히 성장하면서 제기된 문제들을 소비자의 관점이 아닌 생산자의 관점에서 해결하려고 했고, 늦은 리콜 대응 등 문제 해결에 미흡했다는 지적을 받았다. 이런 대규모 리콜 사태로 인해 T기업이 지난 수십 년간 세계적으로 쌓은 명성은 하루아침에 모래성이 됐다. 이와 다른 사례로 미국의 J기업의 타이레놀 리콜 사건이 있다. 1982년 9월 말 미국 시카고 지역에서 J기업의 엑스트라 스트렝스 타이레놀 캡슐을 먹고 4명이 사망하는 상황이 발생하였고, 그 즉시 J기업은 대대적으로 리콜을 단행했다. 그 결과 J기업은 소비자들의 신뢰를 다시 회복하게 되었다.

① 상품에서 결함이 발견됐다면 기업은 그것을 인정하고 책임지는 모습이 필요해.
② 기업은 문제를 인지한 즉시 문제를 해결하기 위해 노력해야 해.
③ 이윤창출은 기업의 유지에 필요하지만, 수익만을 위해 움직이는 것은 여러 문제를 일으킬 수 있어.
④ 소비자의 관점이 아닌 생산자의 관점에서 문제를 해결할 때, 소비자들의 신뢰를 회복할 수 있어.

26 H공단은 매년 사내 직원을 대상으로 창의공모대회를 개최하여 최고의 창의적 인재를 선발해 큰 상금을 수여한다. 귀하를 포함한 동료들은 올해의 창의공모대회에 참가하기로 하고, 서로의 생각을 공유하는 시간을 가졌다. 다음 중 귀하가 받아들이기에 적절하지 않은 것은?

① 누구라도 자기 일을 하는 데 있어 요구되는 지능 수준을 가지고 있다면, 그 분야에서 어느 누구 못지않게 창의적일 수 있어.
② 창의적인 사고를 하기 위해서는 고정관념을 버리고, 문제의식을 느껴야 해.
③ 창의적으로 문제를 해결하기 위해서는 문제의 원인이 무엇인가를 분석하는 논리력이 매우 뛰어나야 해.
④ 창의적인 사고는 선천적으로 타고나야 하고, 후천적인 노력에는 한계가 있어.

27 다음 업무지시를 토대로 C사원이 해야 할 업무를 〈보기〉에서 골라 순서대로 나열한 것은?

> 상사 : 벌써 2시 50분이네. 3시에 외부에서 회의가 있어서 지금 업무지시를 할게요. 업무보고는 내일 9시 30분에 받을게요. 업무보고 전 아침에 회의실과 마이크 체크를 한 내용을 업무보고에 반영해 주세요. 내일 있을 3시 팀장회의도 차질 없이 준비해야 합니다. 아, 그리고 오늘 P사원이 아파서 조퇴했으니 P사원 업무도 부탁할게요. 간단한 겁니다. 사업 브로슈어에 사장님의 개회사를 추가하는 건데, 브로슈어 인쇄는 2시간밖에 걸리지 않지만 인쇄소가 오전 10시부터 6시까지 하니 비서실에 방문해 파일을 미리 받아서 늦지 않게 인쇄소에 넘겨 주세요. 비서실은 본관 15층에 있으니 가는 데 15분 정도 걸릴 거예요. 브로슈어는 다음날 오전 10시까지 준비되어야 하는 거 알죠? 팀장회의에 사용할 케이터링 서비스는 매번 시키는 D업체로 예약해 주세요. 24시간 전에는 예약해야 하니 서둘러 주세요.

───〈보기〉───

(A) 비서실 방문
(B) 회의실, 마이크 체크
(C) 케이터링 서비스 예약
(D) 인쇄소 방문
(E) 업무보고

① (A) − (C) − (D) − (B) − (E)
② (B) − (A) − (D) − (E) − (C)
③ (C) − (A) − (D) − (B) − (E)
④ (C) − (B) − (A) − (D) − (E)

28 다음은 H전자의 직무전결표의 일부분이다. 이에 따라 문서를 처리한 내용 중 바르게 처리되지 못한 것을 〈보기〉에서 모두 고르면?

직무내용	대표이사	위임전결권자		
		전무	이사	부서장
직원 채용 승인	○			
직원 채용 결과 통보				○
교육훈련 대상자 선정			○	
교육훈련 프로그램 승인		○		
직원 국내 출장 승인			○	
직원 해외 출장 승인		○		
임원 국내 출장 승인		○		
임원 해외 출장 승인	○			

───〈보기〉───

ㄱ. 전무가 출장 중일 때 교육훈련 프로그램 승인을 위해서 일단 이사 전결로 처리하였다.
ㄴ. 인사부장 명의로 영업부 직원 채용 결과서를 통보하였다.
ㄷ. 영업부 대리의 국내 출장을 승인받기 위해서 이사의 결재를 받았다.
ㄹ. 기획부의 교육 대상자를 선정하기 위해서 기획부장의 결재를 받아 처리하였다.

① ㄱ, ㄴ
② ㄱ, ㄴ, ㄷ
③ ㄱ, ㄴ, ㄹ
④ ㄱ, ㄷ, ㄹ

29 다음 중 B씨가 A씨에게 해 주었을 조언으로 적절하지 않은 것은?

> 신입사원 A : B씨, 기획안 다 썼어요? 나는 쓰고 싶은 내용은 있는데 어떻게 써야 할지 잘 모르겠어요.
>
> 신입사원 B : 문서는 내용도 중요하지만 문서마다 형식에 차이가 있어서 더 어려운 것 같아요. 기획안을 쓸 때는 _____

① 설득하는 것이 목적이기 때문에 상대가 요구하는 것이 무엇인지 예측하고 파악해야 해요.

② 표나 그래프를 사용했다면 그것은 문서의 내용을 담고 있어야 해요.

③ 대체로 내용이 많기 때문에 목차 구성에 신경을 써야 해요.

④ 피드백을 받아서 수정하는 경우가 대부분이기 때문에 처음부터 완벽할 필요는 없어요.

30 다음을 보고 A사원이 처리할 첫 업무와 마지막 업무를 바르게 짝지은 것은?

> A씨, 우리 팀이 준비하는 상반기 프로젝트가 마무리 단계인 건 알고 있죠? 이제 곧 그동안 진행해 온 팀 프로젝트를 발표해야 하는데 A씨가 발표자로 선정되어서 몇 가지 말씀드릴 게 있어요. 6월 둘째 주 월요일 오후 4시에 발표를 할 예정이니 그 시간에 비어있는 회의실을 찾아보고 예약해 주세요. 오늘이 벌써 첫째 주 수요일이네요. 보통 일주일 전에는 예약해야 하니 최대한 빨리 확인하고 예약해 주셔야 합니다. 또 발표 내용을 PPT 파일로 만들어서 저한테 메일로 보내 주세요. 검토 후 수정사항을 회신할 테니 반영해서 최종본 내용을 브로슈어에 넣어 주세요. 최종본 내용을 모두 입력하면 디자인팀 D대리님께 파일을 넘겨 줘야 해요. 디자인팀에서 작업 후 인쇄소로 보낼 겁니다. 최종 브로슈어는 1층 인쇄소에서 받아오시면 되는데 원래는 한나절이면 찾을 수 있지만 이번에 인쇄 주문 건이 많아서 다음주 월요일에 찾을 수 있을 거예요. 아, 그리고 브로슈어 내용 정리 전에 작년 하반기에 프로젝트 발표자였던 B주임에게 물어보면 어떤 식으로 작성해야 할지 이야기해 줄 거예요.

① PPT 작성 – D대리에게 파일 전달

② 회의실 예약 – B주임에게 조언 구하기

③ 회의실 예약 – 인쇄소 방문

④ B주임에게 조언 구하기 – 인쇄소 방문

31 다음 〈보기〉 중 정보의 사례로 적절한 것을 모두 고르면?

┌─────────────── 〈보기〉 ───────────────┐
│ ㉠ 남성용 화장품 개발   │
│ ㉡ 1인 가구의 인기 음식   │
│ ㉢ 라면 종류별 전체 판매량   │
│ ㉣ 다큐멘터리와 예능 시청률   │
│ ㉤ 5세 미만 아동들의 선호 색상   │
└──────────────────────────────────────┘

① ㉠, ㉢

② ㉡, ㉤

③ ㉢, ㉣

④ ㉣, ㉤

32 다음 중 정보의 가공 및 활용에 대한 설명으로 옳지 않은 것은?

① 정보는 원형태 그대로 혹은 가공하여 활용할 수 있다.

② 비디오테이프에 저장된 영상정보는 동적 정보에 해당한다.

③ 동적 정보는 입수하여 처리 후에는 해당 정보를 즉시 폐기해도 된다.

④ 정적 정보의 경우 이용한 이후에도 장래 활용을 위해 정리하여 보존한다.

33 다음 사례에 나타난 H대학교의 문제해결을 위한 대안으로 가장 적절한 것은?

> H대학교는 현재 학생 관리 프로그램, 교수 관리 프로그램, 성적 관리 프로그램의 3개의 응용 프로그램을 갖추고 있다. 학생 관리 프로그램은 학생 정보를 저장하고 있는 파일을 이용하고, 교수 관리 프로그램은 교수 정보 파일 그리고 성적 관리 프로그램은 성적 정보 파일을 이용한다. 즉, 각각의 응용 프로그램들은 개별적인 파일을 이용한다.
> 이런 경우의 파일에는 많은 정보가 중복 저장되어 있다. 그렇기 때문에 중복된 정보가 수정되면 관련된 모든 파일을 수정해야 하는 불편함이 있다. 예를 들어, 한 학생이 자퇴하게 되면 학생 정보 파일뿐만 아니라 교수 정보 파일, 성적 정보 파일도 수정해야 하는 것이다.

① 데이터베이스 구축
② 유비쿼터스 구축
③ NFC 구축
④ 와이파이 구축

34 다음 중 한글에서 파일을 다른 이름으로 저장할 때 사용하는 단축키는?

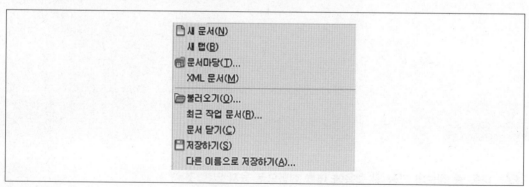

① 〈Alt〉+〈N〉
② 〈Ctrl〉+〈N〉, 〈P〉
③ 〈Alt〉+〈S〉
④ 〈Alt〉+〈V〉

35 다음 글의 빈칸에 공통으로 들어갈 단어로 옳은 것은?

> _____은/는 '언제 어디에나 존재한다.'는 뜻으로, 사용자가 컴퓨터나 네트워크를 의식하지 않고 장소에 상관없이 자유롭게 네트워크에 접속할 수 있는 환경을 말한다. 그리고 컴퓨터 관련 기술이 생활 구석구석에 스며들어 있음을 뜻하는 '퍼베이시브 컴퓨팅(Pervasive Computing)'과 같은 개념이다.
> _____화가 이루어지면 가정·자동차는 물론, 심지어 산꼭대기에서도 정보기술을 활용할 수 있고, 네트워크에 연결되는 컴퓨터 사용자의 수도 늘어나 정보기술산업의 규모와 범위도 그만큼 커지게 된다. 그러나 _____ 네트워크가 이루어지기 위해서는 광대역통신과 컨버전스 기술의 일반화, 정보기술 기기의 저가격화 등 정보기술의 고도화가 전제되어야 한다. 그러나 _____은/는 휴대성과 편의성뿐 아니라 시간과 장소에 구애받지 않고도 네트워크에 접속할 수 있는 장점 때문에 현재 세계적인 개발 경쟁이 일고 있다.

① 블록체인(Block Chain)

② 딥 러닝(Deep Learning)

③ 유비쿼터스(Ubiquitous)

④ P2P(Peer to Peer)

36 다음 중 피벗테이블에 대한 설명으로 옳지 않은 것은?

① 피벗테이블 작성 후에도 사용자가 새로운 수식을 추가하여 표시할 수 있다.

② 피벗테이블로 작성된 목록에서 행 필드를 열 필드로 편집할 수 있다.

③ 피벗테이블 결과 표시는 같은 시트 내에만 가능하다.

④ 피벗테이블은 많은 양의 데이터를 손쉽게 요약하기 위해 사용되는 기능이다.

※ 다음 자료를 보고 이어지는 질문에 답하시오. [37~38]

	A	B	C	D	E	F	G
1							
2		구분	미입처수	매수	공급가액(원)	세액(원)	합계
3		전자세금계산서	12	8	11,096,174	1,109,617	12,205,791
4		수기종이계산서	1	0	69,180		76,098
5		합계	13	8	11,165,354	1,116,535	

37 귀하는 VAT(부가가치세) 신고를 준비하기 위해 엑셀 파일을 정리하고 있다. 세액은 공급가액의 10%이다. 수기종이계산서의 '세액(원)'인 [F4] 셀을 채우려 할 때, 입력해야 할 수식은?

① =E3*0.1

② =E3*0.001

③ =E4*0.1

④ =E3*10%

38 총 합계인 [G5] 셀을 채울 때, 다음 중 필요한 함수식과 결괏값은?

① =AVERAGE(G3:G4) / 12,281,890

② =AVERAGE(E5:F5) / 12,281,890

③ =SUM(G3:G4) / 12,281,889

④ =SUM(E3:F5) / 12,281,889

39 다음 중 워드프로세서의 낱장 용지에 대한 설명으로 옳은 것은?

① 낱장 인쇄용지 중 크기가 가장 큰 용지는 A1이다.

② 낱장 인쇄용지의 가로와 세로의 비율은 1 : 2이다.

③ 규격은 전지의 종류와 전지를 분할한 횟수를 사용하여 표시한다.

④ 인쇄용지 B4는 A4보다 2배 크다.

40 H중학교에서 근무하는 P교사는 반 학생들의 과목별 수행평가 제출 여부를 확인하기 위해 〈조건〉과 같이 자료를 정리하였다. P교사가 [D11] ~ [D13] 셀에 〈보기〉와 같이 함수식을 입력하였을 때, [D11] ~ [D13] 셀에 나타날 결괏값으로 알맞은 것은?

〈조건〉

	A	B	C	D
1				(제출했을 경우 '1'로 표시)
2	이름	A과목	B과목	C과목
3	김혜진	1	1	1
4	이방숙	1		
5	정영교	재제출 요망	1	
6	정혜운		재제출 요망	1
7	이승준		1	
8	이혜진			1
9	정영남	1		1
10				
11				
12				
13				

〈보기〉

[D11] 셀에 입력한 함수식	→	=COUNTA(B3:D9)
[D12] 셀에 입력한 함수식	→	=COUNT(B3:D9)
[D13] 셀에 입력한 함수식	→	=COUNTBLANK(B3:D9)

	[D11]	[D12]	[D13]
①	12	10	11
②	10	12	9
③	10	12	11
④	12	10	9

41 썰매 시합에서 두 팀이 경기를 치르고 있다. A팀이 먼저 출발한 결과, 총 150km의 거리를 평균 속도 60km/h로 질주하여 경기를 마쳤다. 이어서 B팀이 출발하였고 80km를 남기고 중간 속도를 측정한 결과 평균 속도가 40km/h이었다. 이때 앞으로 남은 80km 구간 동안 B팀의 평균 속도가 얼마 이상이어야만 A팀을 이길 수 있는가?

① 100km/h

② $\dfrac{310}{3}$ km/h

③ $\dfrac{320}{3}$ km/h

④ 110km/h

42 다음은 대형 마트 이용자를 대상으로 소비자 만족도를 조사한 결과이다. 이에 대한 설명으로 옳은 것은?(단, 소수점 셋째 자리에서 반올림한다)

〈대형 마트 업체별 소비자 만족도〉

(단위 : 점/5점 만점)

업체명	종합 만족도	서비스 품질					서비스 쇼핑 체험
		쇼핑 체험 편리성	상품 경쟁력	매장환경 / 시설	고객접점 직원	고객관리	
A마트	3.72	3.97	3.83	3.94	3.70	3.64	3.48
B마트	3.53	3.84	3.54	3.72	3.57	3.58	3.37
C마트	3.64	3.96	3.73	3.87	3.63	3.66	3.45
D마트	3.56	3.77	3.75	3.44	3.61	3.42	3.33

〈대형 마트 인터넷·모바일쇼핑 소비자 만족도〉

(단위 : %, 점/5점 만점)

분야별 이용 만족도	이용률	A마트	B마트	C마트	D마트
인터넷쇼핑	65.4	3.88	3.80	3.88	3.64
모바일쇼핑	34.6	3.95	3.83	3.91	3.69

① 인터넷쇼핑과 모바일쇼핑의 소비자 만족도가 가장 큰 차이를 보이는 곳은 D마트이다.

② 종합만족도는 5점 만점에 평균 3.61점이며, 업체별로는 A마트가 가장 높고, C마트, B마트, D마트 순서로 나타났다.

③ 대형 마트를 이용하면서 느낀 감정이나 기분을 반영한 서비스 쇼핑 체험 부문의 만족도는 평균 3.41점으로 서비스 품질 부문들보다 낮았다.

④ 대형 마트 인터넷쇼핑 이용률이 65.4%로 모바일쇼핑에 비해 높으나, 만족도에서는 모바일쇼핑이 평균 0.1점 더 높게 평가되었다.

43 일정한 규칙으로 수를 나열할 때, 빈칸에 들어갈 알맞은 수는?

$$5 \quad \frac{10}{9} \quad \frac{9}{2} \quad \frac{20}{81} \quad (\quad)$$

① $\dfrac{729}{40}$

② $\dfrac{718}{40}$

③ $\dfrac{707}{40}$

④ $\dfrac{729}{30}$

44 H공단에서 2024년 신입사원을 채용하기 위해 필기시험을 진행하였다. 시험 결과 합격자 전체 평균이 83.35점이고, 이 중 남성 합격자의 평균은 82점, 여성 합격자의 평균은 85점이었다. 합격자 전체 인원이 40명일 때, 남성과 여성 합격자는 각각 몇 명인가?

	남성 합격자	여성 합격자
①	22명	18명
②	18명	22명
③	23명	17명
④	17명	23명

45 다음은 전국 주요 댐 저수 현황 자료이다. 이에 대한 설명으로 옳은 것은?

〈전국 주요 댐 저수 현황〉

구분	주의단계							경계단계	심각단계
	소양강댐	충주댐	횡성댐	안동댐	임하댐	용담댐	주암댐	대청댐	보령댐
현재 저수량 (백만 m³) / 평년 대비 저수율	1,277.2 69%	1,144.9 68%	25.3 43%	413.2 56%	186.9 69%	233.1 64%	167.9 42%	547.8 57%	25.1 61%
현재 저수율(%)	44.0	41.6	29.1	33.1	31.4	28.6	36.7	36.8	21.5

※ 2024년 6월 14일 기준

① 저수 현황은 주의단계, 경계단계, 심각단계의 3단계로 나뉘며, 주의단계에 해당하는 댐은 소양강댐, 충주댐, 횡성댐, 안동댐, 임하댐, 용담댐, 대청댐이다.

② 현재 저수율이 가장 높은 곳은 소양강댐으로, 가장 낮은 댐과의 차이는 22.5%p이다.

③ 주요 댐들의 현재 저수율은 평년 대비 저수율에 다소 못 미치지만 심각한 수준은 아니다.

④ 댐의 크기와 저수가능 용량은 횡성댐이 보령댐보다 크다.

46 다음은 시·도별 자전거도로 현황에 대한 자료이다. 이에 대한 해석으로 옳은 것은?

〈시·도별 자전거도로 현황〉

(단위 : km)

구분	합계	자전거전용도로	자전거보행자 겸용도로	자전거전용차로	자전거우선도로
전국	21,176	2,843	16,331	825	1,177
서울특별시	869	104	597	55	113
부산광역시	425	49	374	1	1
대구광역시	885	111	758	12	4
인천광역시	742	197	539	6	–
광주광역시	638	109	484	18	27
대전광역시	754	73	636	45	–
울산광역시	503	32	408	21	42
세종특별자치시	207	50	129	6	22
경기도	4,675	409	4,027	194	45
강원도	1,498	105	1,233	62	98
충청북도	1,259	202	824	76	157
충청남도	928	204	661	13	50
전라북도	1,371	163	1,042	112	54
전라남도	1,262	208	899	29	126
경상북도	1,992	414	1,235	99	244
경상남도	1,844	406	1,186	76	176
제주특별자치도	1,324	7	1,299	0	18

① 제주특별자치도는 전국에서 다섯 번째로 자전거도로가 길다.
② 광주광역시를 볼 때, 전국 대비 자전거전용도로의 비율이 자전거보행자겸용도로의 비율보다 낮다.
③ 경상남도의 모든 자전거도로는 전국에서 9% 이상의 비율을 가진다.
④ 자전거전용도로는 전국에서 약 13.4%의 비율을 차지한다.

47 서로 다른 소설책 7권과 시집 5권이 있다. 이 중에서 소설책 3권과 시집 2권을 선택하는 경우의 수는?

① 350가지

② 360가지

③ 370가지

④ 380가지

48 다음은 항목별 상위 7개 동의 자산규모를 나타낸 자료이다. 이에 대한 설명으로 옳은 것은?

<항목별 상위 7개 동의 자산규모>

구분 순위	총자산(조 원)		부동산자산(조 원)		예금자산(조 원)		가구당 총자산(억 원)	
	동명	규모	동명	규모	동명	규모	동명	규모
1	여의도동	24.9	대치동	17.7	여의도동	9.6	을지로동	51.2
2	대치동	23.0	서초동	16.8	태평로동	7.0	여의도동	26.7
3	서초동	22.6	압구정동	14.3	을지로동	4.5	압구정동	12.8
4	반포동	15.6	목동	13.7	서초동	4.3	도곡동	9.2
5	목동	15.5	신정동	13.6	역삼동	3.9	잠원동	8.7
6	도곡동	15.0	반포동	12.5	대치동	3.1	이촌동	7.4
7	압구정동	14.4	도곡동	12.3	반포동	2.5	서초동	6.4

※ (총자산)＝(부동산자산)＋(예금자산)＋(증권자산)

※ (가구 수)＝$\dfrac{(총자산)}{(가구당 총자산)}$

① 압구정동의 가구 수는 여의도동의 가구 수보다 적다.

② 이촌동의 가구 수는 2만 가구 이상이다.

③ 대치동의 증권자산은 서초동의 증권자산보다 많다.

④ 여의도동의 증권자산은 최소 4조 원 이상이다.

49 H중학교에서 3학년을 대상으로 체육시험을 실시하였다. 3학년 학생 수는 200명이며, 전체 평균 점수는 59.6점이었다. 남학생 수는 전체 학생 수의 51%이고, 남학생의 평균 점수는 여학생 평균 점수의 3배보다 2점이 높을 때, 남학생과 여학생의 평균은 각각 얼마인가?

	남학생	여학생
①	80점	26점
②	83점	27점
③	86점	28점
④	89점	29점

50 다음은 연간 국내 인구이동에 대한 자료이다. 이에 대한 설명으로 옳지 않은 것은?(단, 소수점 둘째 자리에서 반올림한다)

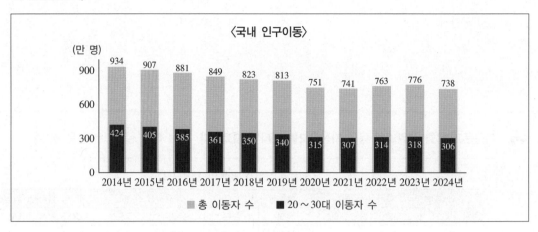

① 2021년까지 20 ~ 30대 이동자 수는 지속적으로 감소하였다.
② 총 이동자 수와 20 ~ 30대 이동자 수의 변화 양상은 동일하다.
③ 총 이동자 수 대비 20 ~ 30대 이동자 수의 비율은 2021년이 가장 높다.
④ 20 ~ 30대를 제외한 이동자 수가 가장 많은 해는 2014년이다.

3일 차
기출응용 모의고사

〈문항 및 시험시간〉

평가영역	문항 수	시험시간	모바일 OMR 답안채점/성적분석 서비스
의사소통＋문제해결＋조직이해＋정보＋수리	50문항	50분	

3일 차 기출응용 모의고사

문항 수 : 50문항
응시시간 : 50분

01 다음 글에서 추론할 수 있는 내용으로 적절하지 않은 것은?

동물의 행동을 선하다거나 악하다고 평가할 수 없는 이유는 동물이 단지 본능적 욕구에 따라 행동할 뿐이기 때문이다. 오직 인간만이 욕구와 감정에 맞서서 행동할 수 있고, 인간만이 이성을 가지고 있다. 그러나 인간이 전적으로 이성적인 존재는 아니다. 다른 동물과 마찬가지로 인간 또한 감정과 욕구를 가진 존재이다. 그래서 인간은 이성과 감정의 갈등을 겪게 된다.

그러한 갈등에도 불구하고 인간이 도덕적 행위를 할 수 있는 까닭은 이성이 우리에게 도덕적인 명령을 내리기 때문이다. 도덕적 명령에 따를 때에야 비로소 우리는 의무에서 비롯된 행위를 한다. 만약 어떤 행위가 이성의 명령에 따른 것이 아닐 경우 그것이 결과적으로 의무와 부합할지라도 의무에서 나온 행위는 아니다. 의무에서 나온 행위가 아니라면 심리적 성향에서 비롯된 행위가 되는데, 심리적 성향에서 비롯된 행위는 도덕성과 무관하다. 불쌍한 사람을 보고 마음이 아파서 도움을 주었다면 이는 결국 심리적 성향에 따라 행동한 것이다. 그것은 감정과 욕구에 따른 것이기 때문에 도덕적 행위일 수가 없다.

감정이나 욕구와 같은 심리적 성향에 따른 행위가 도덕적일 수 없는 또 다른 이유는 그것이 상대적이기 때문이다. 감정이나 욕구는 주관적이어서 사람마다 다르며, 같은 사람이라도 상황에 따라 변하기 마련이다. 그렇기 때문에 이는 시공간을 넘어 모든 인간에게 적용될 수 있는 보편적인 도덕의 원리가 될 수 없다. 감정이나 욕구가 어떠하든지 간에 이성의 명령에 따르는 것이 도덕이다. 이러한 입장이 사랑이나 연민과 같은 감정에서 나온 행위를 인정하지 않는다거나 가치가 없다고 평가하는 것은 아니다. 단지 사랑이나 연민은 도덕적 차원의 문제가 아닐 뿐이다.

① 동물의 행위는 도덕적 평가의 대상이 아니다.
② 감정이나 욕구는 보편적인 도덕의 원리가 될 수 없다.
③ 이성의 명령에 따른 행위가 심리적 성향에 따른 행위와 일치하는 경우는 없다.
④ 인간의 행위 중에는 심리적 성향에서 비롯된 것도 있고 의무에서 나온 것도 있다.

02 다음 글의 내용으로 가장 적절한 것은?

논리는 증명하지 않고도 참이라고 인정하는 명제, 즉 공리를 내세우면서 출발한다. 따라서 모든 공리는 그로부터 파생되는 수많은 논리체계의 기초를 이루고, 이들로부터 끌어낸 정리는 논리체계의 상부구조를 이룬다. 이때, 각각의 공리는 서로 모순이 없어야만 존재할 수 있다.

공리라는 개념은 고대 그리스의 수학자 유클리드로부터 출발한다. 유클리드는 그의 저서 『원론』에서 다음과 같은 5개의 공리를 세웠다. 첫째, 동일한 것의 같은 것은 서로 같다(A=B, B=C이면 A=C). 둘째, 서로 같은 것에 같은 것을 각각 더하면 그 결과는 같다(A=B이면 A+C=B+C). 셋째, 서로 같은 것에서 같은 것을 각각 빼면 그 결과는 같다(A=B이면 A−C=B−C). 넷째, 서로 일치하는 것은 서로 같다. 다섯째, 전체는 부분보다 더 크다. 수학이란 진실만을 다루는 가장 논리적인 학문이라고 생각했던 유클리드는 공리를 기반으로 명제들이 왜 성립될 수 있는가를 증명하였다.

공리를 정하고 이로부터 끌어낸 명제가 참이라는 믿음은 이후로도 2천 년이 넘게 이어졌다. 19세기 말 수학자 힐베르트는 유클리드의 이론을 보완하여 기하학의 5개 공리를 재구성하고 현대 유클리드 기하학의 체계를 완성하였다. 나아가 힐베르트는 모든 수학적 명제는 모순이 없고 독립적인 공리 위에 세워진 논리체계 안에 있으며, 이러한 공리의 무모순성과 독립성을 실제로 증명할 수 있다고 예상했다. 직관을 버리고 오로지 연역 논리에 의한 체계의 완성을 추구했던 것이다.

그러나 그로부터 30여 년 후, 괴델은 '수학은 자신의 무모순성을 스스로 증명할 수 없다.'라는 사실을 수학적으로 증명하기에 이르렀다. 그는 '참이지만 증명할 수 없는 명제가 존재한다.'와 '주어진 공리와 규칙만으로 일관성과 무모순성을 증명할 수 없다.'라는 형식체계를 명시하였다. 괴델의 이러한 주장은 힐베르트의 무모순성과 완전성의 공리주의를 부정하는 것이었기에 수학계를 발칵 뒤집어놓았다. 기계적인 방식으로는 수학의 모든 사실을 만들어낼 수 없다는 괴델의 불완전성의 정리는 가장 객관적인 학문으로 인식됐던 수학의 체면을 구기는 오점처럼 보이기도 한다. 그러나 한편으로는 수학의 응용이 가능해지면서 다른 학문과의 융합이 이루어졌고, 이후 물리학, 논리학을 포함한 각계의 수많은 학자들에게 영감을 주었다.

① 공리의 증명 가능성을 인정하였다는 점에서 유클리드와 힐베르트는 공통점이 있다.

② 힐베르트는 유클리드와 달리 공리체계의 불완전성을 인정하였다.

③ 괴델 이후로 증명할 수 없는 수학적 공리는 참이 아닌 것으로 간주되었다.

④ 괴델은 공리의 존재를 인정했지만, 자체 체계만으로는 무모순성을 증명할 수 없다고 주장하였다.

03 다음 대화에서 B사원의 문제점으로 가장 적절한 것은?

> A사원 : 배송 지연으로 인한 고객의 클레임을 해결하기 위해서는 일단 입고된 상품을 먼저 배송하고, 추가
> 배송료를 부담하더라도 나머지 상품은 입고되는 대로 다시 배송하는 방법이 나을 것 같습니다.
> B사원 : 글쎄요. A사원의 그간 업무 스타일로 보았을 때, 방금 제시한 그 처리 방법이 효율적일지 의문이
> 듭니다.

① 짐작하기
② 판단하기
③ 조언하기
④ 대답할 말 준비하기

04 다음 글의 빈칸 ㉠, ㉡에 들어갈 접속어를 순서대로 바르게 나열한 것은?

> 평화로운 시대에 시인의 존재는 문화의 비싼 장식일 수 있다. ___㉠___ 시인의 조국이 비운에 빠졌거나 혼란에
> 놓였을 때 시인은 장식의 의미를 떠나 민족의 예언가가 될 수 있고, 민족혼을 불러일으키는 선구자적 지위에
> 놓일 수도 있다. 예를 들면 스스로 군대를 가지지 못한 채 제정(帝政) 러시아의 가혹한 탄압 아래 놓여 있던
> 폴란드 사람들은 시인의 존재를 민족의 재생을 예언하고 굴욕스러운 현실을 탈피하도록 격려하는 예언자로
> 여겼다. ___㉡___ 통일된 국가를 가지지 못하고 이산되어 있던 이탈리아 사람들은 시성 단테를 유일한 '이탈리
> 아'로 숭앙했고, 제1차 세계대전 때 독일군의 잔혹한 압제에 있었던 벨기에 사람들은 베르하렌을 조국을 상징
> 하는 시인으로 추앙하였다.

	㉠	㉡
①	따라서	또한
②	그래서	그러나
③	그러나	또한
④	그래도	그래서

05 다음 문장을 논리적 순서대로 바르게 나열한 것은?

> (가) 이렇게 버려지는 폐휴대전화 속에는 금, 은 등의 귀한 금속 자원이 들어 있으며, 이들 자원을 폐휴대전화 에서 추출하여 재활용하면 자원의 낭비를 줄일 수 있다.
> (나) 한편 폐휴대전화는 공해를 일으킬 수 있는 물질들이 포함되어 있고, 이런 물질들은 일반 쓰레기와 함께 태워지거나 땅속에 파묻히게 되면 환경오염을 유발하기도 한다.
> (다) 최근 다양한 기능을 갖춘 휴대전화들이 출시되면서 휴대전화 교체 주기가 짧아지고 있고, 이에 따라 폐 휴대전화 발생량도 증가하고 있다.
> (라) 그래서 우리 기업에서는 소중한 금속 자원을 재활용하고 환경오염을 줄이는 데도 기여하자는 취지에서 '폐휴대전화 수거 운동'을 벌이기로 했다.

① (가) – (나) – (다) – (라)
② (가) – (라) – (다) – (나)
③ (나) – (가) – (다) – (라)
④ (다) – (가) – (나) – (라)

06 홍보실에 근무하고 있는 L사원은 이번에 공사에 견학을 온 H대학교 학생들을 안내하는 업무를 맡았다. 이에 L사원은 사회보장의 개념에 대한 글을 작성했다. 빈칸에 들어갈 내용으로 옳지 않은 것은?

> **사회보장의 개념**
>
> '사회보장'이라는 용어가 처음으로 사용된 시기에 대해서는 대체적으로 의견이 일치하고 있으며 해당 용어가 전 세계적으로 파급되어 사용하고 있음에도 불구하고, '사회보장'의 개념에 대해서는 개인적, 국가적, 시대 적, 학문적 관점에 따라 매우 다양하게 인식되고 있다.
> 국제노동기구는 「사회보장의 길」에서 '사회보장'은 사회구성원들에게 발생하는 일정한 위험에 대해서 사회가 적절하게 부여하는 보장이라고 정의하면서, 그 구성요소로 ＿＿＿＿＿＿＿＿＿＿＿을/를 말했다.
> 우리나라는 사회보장기본법 제3조 제1호에 의하여 '사회보장'이란 출산, 양육, 실업, 노령, 장애, 질병, 빈곤 및 사망 등의 사회적 위험으로부터 모든 국민을 보호하고 국민의 삶의 질을 향상시키는 데 필요한 소득·서 비스를 보장하는 사회보험, 공공부조, 사회서비스라고 정의하고 있다.

① 보호가 필요하다고 판단되는 빈곤 계층에 한한 지원
② 전체 국민의 대상화
③ 모든 위험과 사고로부터 보호
④ 공공의 기관을 통한 보호와 보장

07 다음 글의 서술상 특징으로 가장 적절한 것은?

> '디드로 효과'는 프랑스의 계몽주의 철학자인 드니 디드로의 이름을 따서 붙여진 것으로, 소비재가 어떤 공통성이나 통일성에 의해 연결되어 있음을 시사하는 개념이다. 디드로는 '나의 옛 실내복과 헤어진 것에 대한 유감'이라는 제목의 에세이에서, 친구로부터 받은 실내복에 관한 이야기를 풀어 놓는다. 그는 '다 헤지고 시시하지만 편안했던 옛 실내복'을 버리고, 친구로부터 받은 새 실내복을 입었다. 그로 인해 또 다른 변화가 일어났다. 그는 한두 주 후 실내복에 어울리게끔 책상을 바꿨고, 다음으로 서재의 벽에 걸린 장식을 바꿨으며, 결국엔 모든 것을 바꾸고 말았다. 달라진 것은 그것뿐만이 아니었다. 전에는 서재가 초라했지만 사람들이 붐볐고, 그래서 혼잡했지만 잠시 행복함을 느끼기도 했다. 하지만 실내복을 바꾼 이후의 변화를 통해서 공간은 우아하고 질서 정연하며 아름답게 꾸며졌음에도 불구하고, 결국 자신은 우울해졌다.

① 묘사를 통해 대상을 구체적으로 드러내고 있다.
② 다양한 개념들을 분류의 방식으로 설명하고 있다.
③ 일련의 벌어진 일들을 인과관계에 따라 서술하고 있다.
④ 권위 있는 사람의 말을 인용하여 주장을 뒷받침하고 있다.

08 다음 중 통합환경 관리제도에 대한 내용으로 가장 적절한 것은?

> **효율적으로 환경오염을 막는 방법**
>
> 올해 1월부터 시행 중인 '통합환경 관리제도'는 최신 과학기술에 기반을 둔 스마트한 대책으로 평가받고 있다. 대기, 수질, 토양 등 개별적으로 이루어지던 관리 방식을 하나로 통합해, 환경오염물질이 다른 분야로 전이되는 것을 막는 것이다. 유럽연합을 비롯해 세계 각국에서 운영하는 효율적인 환경수단을 우리나라의 현실과 특성에 맞게 설계한 점도 특징이다.
> 관리방식의 통합이 가져온 변화는 크다. 먼저 대기배출시설, 수질오염배출시설 등 총 10종에 이르는 인허가는 통합허가 1종으로 줄었고, 관련 서류도 통합환경 허가시스템을 통해 온라인으로 간편하게 제출할 수 있게 되었다. 사업장별로 지역 맞춤형 허가기준을 부여해 5 ~ 8년마다 주기적으로 검토하며 단속과 적발위주였던 사후관리가 정밀점검과 기술 진단 방식으로 전환됐다. 또한 통합환경관리 운영을 위한 참고문서인 최적가용기법(BREF)을 보급해 사업장이 자발적으로 환경관리와 관련 허가에 사용할 수 있도록 돕는다.
> H공단은 환경전문심사원으로 지정돼 통합환경 계획서 검토, 통합관리사업장 현장 확인 및 오염물질 배출 여부 확인 등 제도가 원활하게 시행되도록 지원할 계획이다. 통합환경 관리제도와 통합환경 허가시스템에 관한 문의가 있다면 통합허가 지원센터에서 상담받을 수 있다. 환경을 종합적으로 관리하면서 환경개선 효과 및 자원을 효율적으로 이용할 수 있는 통합환경 관리제도에 더욱 간편하고 유익해진 제도로, 많은 기업이 자발적으로 참여함으로써 환경과 산업의 상생이 실현되고 있다.

① 통합환경 관리제도는 개별적으로 이루어지던 관리 방식을 대기, 수질, 토양으로 분리해 환경오염물질이 다른 분야로 전이되는 것을 막기 위해 만들어졌다.
② 관리방식의 통합은 총 10종에 이르는 인허가를 3종으로 줄였다.
③ 통합허가 관련 서류는 온라인으로도 제출할 수 있다.
④ 사업장별로 업종 맞춤형 허가기준을 부여해 10년마다 주기적으로 검토한다.

09 다음 글에서 〈보기〉의 문장이 들어갈 위치로 가장 적절한 곳은?

무한한 자원, 물에서 얻는 혁신적인 친환경 에너지
– 세계 최초 '수열에너지 융·복합 클러스터' 조성 –

수열에너지는 말 그대로 물의 열(熱)에서 추출한 에너지를 말한다. ___(가)___ 겨울에는 대기보다 높고, 여름에는 낮은 물의 온도 차를 이용해 에너지를 추출하는 첨단 기술이다. 이 수열에너지를 잘 활용하면 기존 냉난방 시스템보다 최대 50%까지 에너지를 절약할 수 있다. ___(나)___ 특히, 지구의 70%를 차지하는 물을 이용해 만든 에너지이기 때문에 친환경적이며 보존량도 무궁무진한 것이 최대 장점이다. ___(다)___ 지난 2014년에는 경기도 하남의 팔당호 물을 활용해 L타워의 냉난방 비용을 연간 30%나 절감하는 성과를 거두기도 했다. 이에 한강권역본부는 소양강댐의 차가운 냉수가 지니는 수열에너지를 이용해 세계 최초의 수열에너지 기반 친환경 데이터센터 집적 단지를 조성하는 융·복합 클러스터 조성사업(K-Cloud Park)을 추진하고 있다. ___(라)___ 생활이 불편할 만큼 차가운 소양강의 물이 기술의 발달과 발상의 전환으로 4차 산업혁명 시대에 걸맞은 사업을 유치하며 새로운 가치를 발굴한 사례이다. 프로젝트가 마무리되면, 수열에너지 활용에 따른 에너지 절감효과는 물론, 5,517명의 일자리 창출 및 연 220억 원가량의 지방세 세수 증가가 이뤄질 것으로 기대된다.

〈보기〉

이를 통해 수열에너지 기반의 스마트팜 첨단농업단지, 물 기업 특화 산업단지까지 구축하게 되면 새로운 부가가치를 창출하는 비즈니스 플랫폼은 물론, 아시아·태평양 지역의 클라우드 데이터센터 허브로 자리 잡게 될 것으로 전망된다.

---

① (가)   ② (나)

③ (다)   ④ (라)

10 다음 글을 읽고 이해한 내용으로 적절하지 않은 것은?

인간의 사유는 특정한 기준을 바탕으로 다른 것과의 차이를 인식하는 것이라 할 수 있다. 이때의 기준을 이루는 근간(根幹)은 당연히 현실 세계의 경험과 인식이다. 하지만 인간은 현실적 경험으로 인식되지 않는 대상을 사유하기도 하는데, 그중 하나가 신화적 사유이며, 이는 상상력의 산물이다.

상상력은 통념(通念)상 현실과 대립하는 위치에 속한다. 또한 현대 문명에서 상상력은 과학적·합리적 사고와 반대되는 사유 체계로 간주하기도 한다. 그러나 신화적 사유를 떠받치고 있는 상상력은 '현실적 – 비현실적', '논리적 – 비논리적', '합리적 – 비합리적' 등과 같은 단순한 양항 체계 속으로 환원될 수 없다.

초기 인류학에서는 근대 문명과 대비시켜 신화적 사유를 미개한 존재들의 미숙한 단계의 사고로 간주(看做)했었다. 이러한 입장을 대표하는 레비브륄에 따르면 미개인은 논리 이전의 사고방식과 비현실적 감각을 가진 존재이다. 그러나 신화 연구에 적지 않은 영향을 끼쳤고 오늘날에도 여전히 유효한 레비스트로스의 논의에 따르면 미개인과 문명인의 사고방식은 사물을 분류하는 방식과 주된 관심 영역 등이 다를 뿐, 어느 것이 더 합리적이거나 논리적이라고 할 수는 없다. 또한 그것은 세계를 이해하는 두 가지의 서로 다른 방식 혹은 태도일 뿐이다. 신화적 사유를 비롯한 이른바 미개인의 사고방식을 가리키는 레비스트로스가 말하는 '야생의 사고'는 이러한 사고방식이 근대인 혹은 문명인 못지않게 질서와 체계에 민감하고 그 나름의 현실적·논리적·합리적 기반을 갖추고 있음을 함축하고 있는 개념이다.

레비스트로스의 '야생의 사고'는 신화시대와 신화적 사유를 근대적 문명에 입각한 발전론적 시각이 아닌 상대주의적 시각으로 바라보았다는 점에서 의미가 크다. 그러나 그가 신화 자체의 사유 방식이나 특성을 특정 시대의 것으로 한정(限定)하는 오류를 범하고 있다는 점에 유의해야 한다. 과거 신화 시대에 생겨난 신화적 사유는 신화가 재현되고 재생되는 한 여전히 시간과 공간을 뛰어넘어 현재화되고 있기 때문이다.

이상에서 보듯이 신화적 사유는 현실적·경험적 차원의 '진실'이나 '비진실'로 구분될 수 없다. 신화는 허구적이거나 진실한 것 모두를 '재료'로 사용할 수 있으며, 이러한 재료들은 신화적 사유의 고유 규칙과 체계에 따라 배열된다. 그러므로 신화 텍스트에서 이러한 재료들의 구성 원리를 밝히는 것은 그 신화에 반영된 신화적 사유 체계를 밝히는 것이라 할 수 있다. 또한 이는 신화를 공유하고 전승(傳承)해 왔던 집단의 원형적 사유 체계에 접근하는 작업이라고도 할 수 있다.

① 신화는 그 고유의 규칙과 체계를 갖고 있다.
② 신화적 사유는 상상력의 산물이라 할 수 있다.
③ 신화적 사유는 특정 시대의 사유 특성에 한정된다.
④ 신화적 상상력은 상상력에 대한 통념적 인식과 차이가 있다.

11 A사원은 자동차도로 고유번호 부여 규정을 근거로 하여 도로에 노선번호를 부여할 계획이다. 그림에서 점선은 '영토'를, 실선은 '고속국도'를 표시한 것이며, (가) ～ (라)는 '간선노선'을, (마), (바)는 '보조간선노선'을 나타낸 것이다. 다음 중 노선번호를 바르게 부여한 것은?

<자동차도로 고유번호 부여 규정>

자동차도로는 관리상 고속국도, 일반국도, 특별광역시도, 지방도, 시도, 군도, 구도의 일곱 가지로 구분된다. 이들 각 도로에는 고유번호가 부여되어 있고, 이는 지형도상의 특정 표지판 모양 안에 표시되어 있다. 그러나 군도와 구도는 구간이 짧고 노선 수가 많기 때문에 노선번호가 중복될 우려가 있어 표지상에 번호를 표기하지 않는다.

고속국도 가운데 간선노선의 경우 두 자리 숫자를 사용하며, 남북을 연결하는 경우는 서에서 동으로 가면서 숫자가 증가하는데 끝자리에 5를 부여하고, 동서를 연결하는 경우는 남에서 북으로 가면서 숫자가 증가하는데 끝자리에 0을 부여한다.

보조간선노선은 간선노선 사이를 연결하는 고속국도로서 이 역시 두 자리 숫자로 표기한다. 그런데 보조간선노선이 남북을 연결하는 모양에 가까우면 첫자리는 남쪽 시작점의 간선노선 첫자리를 부여하고 끝자리에는 5를 제외한 홀수를 부여한다. 한편 동서를 연결하는 모양에 가까우면 첫자리는 동서를 연결하는 간선노선 가운데 해당 보조간선노선의 바로 아래쪽에 있는 간선노선의 첫자리를 부여하며, 이때 끝자리는 0을 제외한 짝수를 부여한다.

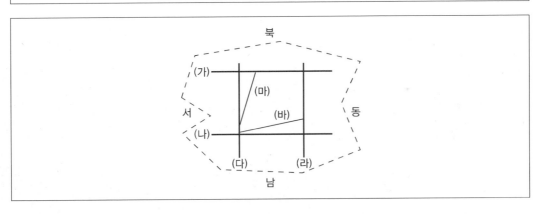

	(가)	(나)	(다)	(라)	(마)	(바)
①	25	15	10	20	19	12
②	20	10	15	25	18	14
③	25	15	20	10	17	12
④	20	10	15	25	17	12

12 월요일부터 일요일까지 4형제가 돌아가면서 어머니 병간호를 하기로 했다. 아래 〈조건〉이 항상 참일 때, 다음 중 항상 옳지 않은 것은?

---〈조건〉---
- 첫째, 둘째, 셋째는 이틀씩, 넷째는 하루 병간호를 하기로 했다.
- 어머니가 혼자 계시도록 두는 날은 없다.
- 첫째는 화요일과 목요일에 병간호를 할 수 없다.
- 둘째는 평일에 하루, 주말에 하루 병간호를 하기로 했다.
- 셋째는 일요일과 평일에 병간호를 하기로 했다.
- 넷째는 수요일에 병간호를 하기로 했다.

① 첫째는 월요일과 금요일에 병간호를 한다.
② 둘째는 화요일에 병간호를 할 수도, 하지 않을 수도 있다.
③ 셋째는 화요일과 일요일에 병간호를 한다.
④ 넷째는 수요일에 하루만 병간호를 한다.

13 H공단은 직원 A ~ E 중 일부를 지방으로 발령하기로 결정하였다. 다음 〈조건〉에 따라 A의 지방 발령이 결정되었다고 할 때, 지방으로 발령되지 않는 직원은 총 몇 명인가?

---〈조건〉---
- H공단은 B와 D의 지방 발령에 대하여 같은 결정을 한다.
- H공단은 C와 E의 지방 발령에 대하여 다른 결정을 한다.
- D를 지방으로 발령한다면, E는 지방으로 발령하지 않는다.
- E를 지방으로 발령하지 않는다면, A도 지방으로 발령하지 않는다.

① 2명
② 3명
③ 4명
④ 5명

14 직장생활 중 지속적으로 요구되는 논리적 사고는 사고의 전개에 있어서 전후의 관계가 일치하고 있는가를 살피고, 아이디어를 평가하는 능력을 의미한다. 이러한 논리적 사고는 다른 사람을 공감시켜 움직일 수 있게 하며, 짧은 시간에 헤매지 않고 사고할 수 있게 한다. 다음 중 논리적 사고를 하기 위해 필요한 구성요소에 해당하지 않는 것은?

① 자기 논리의 구조화

② 구체적인 생각

③ 생각하는 습관

④ 타인에 대한 이해

15 다음 사례를 통해 유과장이 최대리에게 해 줄 수 있는 조언으로 적절하지 않은 것은?

> 최대리는 오늘도 기분이 별로이다. 팀장에게 오전부터 싫은 소리를 들었기 때문이다. 늘 하던 일을 하던 방식으로 처리한 것이 빌미였다. 관행에 매몰되지 말고 창의적이고 발전적인 모습을 보여 달라는 게 팀장의 주문이었다. '창의적인 일처리'라는 말을 들을 때마다 주눅이 드는 자신을 발견할 때면 더욱 의기소침해지고 자신감이 없어진다. 어떻게 해야 창의적인 인재가 될 수 있을까 고민도 했지만 뾰족한 수가 보이지 않는다. 자기만 뒤처지는 것 같아 불안하기도 하고 남들은 어떤지 궁금하기도 하다.

① 창의적인 사람은 새로운 경험을 찾아 나서는 사람을 말하는 것 같아.

② 그래, 그들의 독특하고 기발한 재능은 선천적으로 타고나는 것이라 할 수 있어.

③ 창의적인 사고는 후천적 노력에 의해서도 개발이 가능하다고 생각해.

④ 창의력은 본인 스스로 자신의 틀에서 벗어나도록 노력해야 한다고 생각해.

16 신제품의 설문조사를 위하여 A ~ F를 2인 1조로 조직하여 파견을 보내려 한다. 다음 〈조건〉에 따라 2인 1조를 조직한다고 할 때, 한 조가 될 수 있는 두 사람으로 옳은 것은?

> ───〈조건〉───
> • A는 C나 D와 함께 갈 수 없다.
> • B는 반드시 D 아니면 F와 함께 가야 한다.
> • C는 반드시 E 아니면 F와 함께 가야 한다.
> • A가 C와 함께 갈 수 없다면, A는 반드시 F와 함께 가야 한다.

① A, E

② B, D

③ B, F

④ C, D

17 다음 〈조건〉에 따라 노래대회 예선이 진행된다. 甲이 심사위원장을 알아내고자 할 때, 〈보기〉에서 옳은 것을 모두 고르면?

―――――――――――――〈조건〉―――――――――――――
- 예선의 심사위원은 심사위원장 1인을 포함하여 총 4인이며, 그중 누가 심사위원장인지 참가자에게 공개되지 않는다.
- 심사위원은 참가자의 노래를 들은 후 동시에 ○ 또는 ×의 결정을 내리며, 다수결에 의해 예선 통과 여부가 결정된다.
- 만약 ○와 ×를 결정한 심사위원의 수가 같다면, 심사위원장이 ○ 결정을 한 경우 통과, × 결정을 한 경우 탈락한다.
- 4명의 참가자들은 어떤 심사위원이 자신에게 ○ 또는 × 결정을 내렸는지와 통과 또는 탈락 여부를 정확히 기억하여 甲에게 알려주었다.

―――――――――――――〈보기〉―――――――――――――
ㄱ. 4명의 참가자가 모두 심사위원 3인의 ○ 결정으로 통과했다면, 甲은 심사위원장을 알아낼 수 없다.
ㄴ. 4명의 참가자가 모두 같은 2인의 심사위원에게만 ○ 결정을 받아 탈락했다면, 甲은 심사위원장을 알아낼 수 있다.
ㄷ. 4명의 참가자가 모두 2인의 심사위원에게만 ○ 결정을 받았고, ○ 결정을 한 심사위원의 구성이 모두 다르다면, 甲은 심사위원장을 알아낼 수 있다.

① ㄱ
② ㄴ
③ ㄱ, ㄷ
④ ㄴ, ㄷ

18 H공단은 창립기념일을 맞이하여 인사팀, 영업팀, 홍보팀, 디자인팀, 기획팀에서 총 20명의 신입사원들이 나와서 장기자랑을 한다. 각 팀에서는 최소 한 명 이상 참가해야 하며, 장기자랑 종목은 춤, 마임, 노래, 마술, 기타 연주가 있다. 다음 〈조건〉이 모두 참일 때, 장기자랑에 참석한 홍보팀 사원들은 모두 몇 명이고, 어떤 종목으로 참가하는가?(단, 장기자랑 종목은 팀별로 겹칠 수 없다)

〈조건〉

- 홍보팀은 영업팀 참가 인원의 2배이다.
- 춤을 추는 팀은 총 6명이며, 인사팀은 노래를 부른다.
- 기획팀 7명은 마임을 하며, 다섯 팀 중 가장 참가 인원이 많다.
- 마술을 하는 팀은 2명이며, 영업팀은 기타 연주를 하거나 춤을 춘다.
- 디자인팀은 춤을 추며, 노래를 부르는 팀은 마술을 하는 팀 인원의 2배이다.

① 1명, 마술
② 1명, 노래
③ 2명, 기타 연주
④ 2명, 마술

19 형준, 연재, 영호, 소정이는 언어영역, 수리영역, 외국어영역으로 구성된 시험을 본 뒤 채점을 해보니 다음 〈조건〉과 같은 결과가 나타났다. 이를 토대로 반드시 참인 것은?

〈조건〉

- ㉠ 형준이는 언어영역에서 1등이고, 수리영역에서는 연재보다 잘했다.
- ㉡ 연재는 수리영역 4위가 아니다.
- ㉢ 소정이는 외국어영역에서 형준이보다 못했다.
- ㉣ 형준이는 외국어영역에서 영호와 연재에게만 뒤처졌다.
- ㉤ 영호는 언어영역에서 4위를 했고, 수리영역은 연재보다 못했다.
- ㉥ 동점자는 존재하지 않는다.
- ㉦ 형준이는 수리영역에서 소정이보다 못했다.
- ㉧ 소정이의 외국어영역 순위는 연재의 수리영역 순위에 1을 더한 것과 같다.
- ㉨ 평소에 소정이의 언어영역 점수는 연재의 언어영역 점수보다 좋지 않은 편이었다.

① 언어영역 2위는 연재이다.
② 외국어영역 3위는 형준이다.
③ 영호는 세 과목에서 모두 4위이다.
④ 연재의 언어영역 순위에 1을 더한 값은 형준이의 외국어영역 순위와 같다.

20 H공단은 2025년 신입사원을 채용하려고 한다. 최종 관문인 협동심 평가는 이전 전형까지 통과한 지원자 A ~ D 4명이 한 팀이 되어 역할을 나눠 주방에서 제한시간 내에 하나의 요리를 만드는 것이다. 재료손질, 요리보조, 요리, 세팅 및 정리 4개의 역할이 있고, 협동심 평가 후 지원자별 기존 성적에 가산점을 더하여 최종점수를 계산해 채용하려고 한다. 〈조건〉에 따라 지원자들의 의견을 모두 수렴하여 역할을 선정한 내용으로 바르게 짝지은 것은?

〈지원자별 성적〉

(단위 : 점)

A지원자	B지원자	C지원자	D지원자
90	95	92	97

〈역할별 가산점〉

(단위 : 점)

재료손질	요리보조	요리	세팅 및 정리
5	3	7	9

※ 협동심 평가의 각 역할은 한 명만 수행할 수 있다.

〈조건〉
- C지원자는 주부습진이 있어 재료손질 역할을 원하지 않는다.
- A지원자는 깔끔한 성격으로 세팅 및 정리 역할을 원한다.
- D지원자는 손재주가 없어 재료손질 역할을 원하지 않는다.
- B지원자는 적극적인 성격으로 어떤 역할이든지 자신 있어 한다.
- 최종점수는 100점을 넘을 수 없다.

	재료손질	요리보조	요리	세팅 및 정리
①	B	C	D	A
②	B	D	C	A
③	C	A	D	B
④	C	D	A	B

※ 다음 글을 읽고 이어지는 질문에 답하시오. [21~22]

H기업의 교육팀에 신입사원이 입사를 하게 되었다. 교육팀장은 교육운영을 맡았던 박대리에게 그 간의 업무는 신입사원에게 인수인계를 하고, 같은 팀 최과장을 도와 교육을 기획하는 업무를 담당하라고 이야기했다. 박대리는 신입사원이 출근하기에 앞서 교육팀에서 지난 2년간 수행했던 업무들을 정리하여 인수인계서를 작성했다. 인수인계서를 모두 작성하고 팀장의 결제를 받기 전에 내용이 빠짐없이 작성되었는지 확인할 필요가 있다고 판단되어 박대리는 팀 내에서 공통으로 활용하는 다음과 같은 점검표를 활용하기로 했다.

업무		확인	
		YES	NO
현황	담당업무에 대한 구분 및 정의는 명확하게 기술되었는가?		
	주요 업무계획 및 진행사항은 구체적으로 서술되었는가?		
	현안사항 및 문제점은 빠짐없이 작성되었는가?		
	주요 미결사항은 리스트와 세부 내용이 서술되었는가?		
⋮	⋮		

21 다음 중 박대리가 업무 인수인계서를 작성할 때 필수적으로 고려해야 할 항목으로 거리가 먼 것은?

① 조직의 업무 지침
② 업무 요령 및 활용 팁
③ 요구되는 지식, 기술, 도구
④ 관련 업무 및 유관부서 담당자

22 다음 중 박대리는 업무수행을 점검하기 위해 어떤 도구를 활용하였는가?

① 체크리스트
② 간트 차트
③ 워크플로 시트
④ 벤 다이아그램

※ 다음은 H기업의 부서별 업무소개 자료이다. 이어지는 질문에 답하시오. [23~24]

1. _____ 직무 특성 및 소개

시설투자·공사지원·유지관리로 회사의 자산 가치를 극대화하고 임직원과의 소통과 원활한 경영활동 지원을 위한 업무를 수행합니다. 효율적인 공간 활용 및 쾌적한 사무환경 구축, 임직원 복지 증진으로 업무 효율성을 높이는 등 총체적인 업무지원 제반 활동을 진행합니다. 세부적으로 본사 및 사업장 부동산 자산관리, 임대차 자산 계약관리 등을 담당하는 관재업무, 설비 총괄 관리 및 시설물 관리로 쾌적한 근무환경 조성 업무, 주주총회 기획·운영·관리 업무, 임직원 복리후생 제도 기획·운영 및 사회공헌 프로그램을 진행하는 복지관련 업무, 경영진 및 VIP 의전 및 대민·대관 관련 업무 등을 수행합니다.

2. 구매직무 주요 업무 내용
 - 시장조사 : 환율, 원부자재 가격 변동 등 Trend 조사 및 분석
 - 업체발굴 : TCO 관점에서 QCD 만족시키는 협력사 검토
 - 협상 / 계약 : 가격 협상 및 납기 조율
 - 자재관리 : 시스템 상 재고와 실 창고 재고 일치화 및 재고 수량 조사
 - 협력사 관리 및 협력사 기술 / 품질지원 : SRM시스템 구축 및 운영
 - 원가절감 활동 : 통합구매, 구매 방식 다양화, 구매 시기 조정

23 다음 중 윗글의 빈칸에 들어갈 업무로 옳은 것은?

① 총무
② 인사
③ 회계
④ 기획

24 다음 중 구매 직무를 수행하기 위해 필요한 능력으로 옳지 않은 것은?

① 원가에 대한 이해력
② 데이터 분석 및 가공능력
③ 협상 및 설득능력
④ 생산 제품에 대한 지식

25 H공단에서는 부패방지 교육을 위해 오늘 일과 중 1시간을 반영하여 각 부서별로 토론식 교육을 할 것을 지시하였다. 귀하의 직급은 사원으로, 적당한 교육시간을 판단하여 보고하여야 한다. 부서원의 스케줄이 다음과 같을 때, 교육을 편성하기에 가장 적절한 시간은 언제인가?

시간	직급별 스케줄				
	부장	차장	과장	대리	사원
09:00 ~ 10:00	부서장 회의				
10:00 ~ 11:00					비품 신청
11:00 ~ 12:00			협력업체 응대		
12:00 ~ 13:00	점심식사				
13:00 ~ 14:00	부서 업무 회의				
14:00 ~ 15:00					타 지사 방문
15:00 ~ 16:00				일일 업무 결산	
16:00 ~ 17:00		업무보고			
17:00 ~ 18:00	업무보고				

① 09:00 ~ 10:00

② 10:00 ~ 11:00

③ 13:00 ~ 14:00

④ 14:00 ~ 15:00

26 다음 중 집단의사결정의 특징으로 적절하지 않은 것은?

① 한 사람이 가진 지식보다 집단의 지식과 정보가 더 많기 때문에 보다 효과적인 결정을 할 확률이 높다.

② 의사를 결정하는 과정에서 구성원 간의 갈등은 불가피하다.

③ 여럿의 의견을 일련의 과정을 거쳐 모은 것이기 때문에 결과는 얻을 수 있는 것 중에서 최선이다.

④ 구성원 각자의 시각으로 문제를 바라보기 때문에 다양한 견해를 가지고 접근할 수 있다.

27 다음 상황에서 팀장의 지시를 적절히 수행하기 위하여 오대리가 거쳐야 할 부서명을 순서대로 바르게 나열한 것은?

> 오대리, 내가 내일 출장 준비 때문에 바빠서 자네가 좀 도와줘야 할 것 같군. 우선 박비서한테 가서 오후 사장님 회의 자료를 좀 가져다 주게나. 오는 길에 지난주 기자단 간담회 자료 정리가 되었는지 확인해 보고 완료됐으면 한 부 챙겨오고. 다음주에 승진자 발표가 있을 것 같은데 우리 팀 승진 대상자 서류가 잘 전달되었는지 그것도 확인 좀 해 줘야겠어. 참, 오후에 바이어가 내방하기로 되어 있는데 공항 픽업 준비는 잘 해 두었지? 배차 예약 상황도 다시 한번 점검해 봐야 할 거야. 그럼 수고 좀 해 주게.

① 기획팀 – 홍보팀 – 총무팀 – 경영관리팀
② 비서실 – 홍보팀 – 인사팀 – 총무팀
③ 인사팀 – 법무팀 – 총무팀 – 기획팀
④ 비서실 – 법무팀 – 총무팀 – 인사팀

28 다음 〈보기〉에서 경영의 4요소로 옳은 것을 모두 고르면?

─〈보기〉─
ㄱ. 조직의 목적을 달성하기 위해 경영자가 수립하는 것으로, 더욱 구체적인 방법과 과정이 담겨 있다.
ㄴ. 조직에서 일하는 구성원으로 경영은 이들의 직무수행에 기초하여 이루어지기 때문에 이것의 배치 및 활용이 중요하다.
ㄷ. 생산자가 상품 또는 서비스를 소비자에게 유통하는 데 관련된 모든 체계적 경영활동이다.
ㄹ. 특정의 경제적 실체에 관하여 이해관계를 이루는 사람들에게 합리적인 경제적 의사결정을 하는 데 유용한 재무적 정보를 제공하기 위한 일련의 과정 또는 체계이다.
ㅁ. 경영하는 데 사용할 수 있는 돈으로, 이것이 충분히 확보되는 정도에 따라 경영의 방향과 범위가 정해지게 된다.
ㅂ. 조직이 변화하는 환경에 적응하기 위하여 경영활동을 체계화하는 것으로, 목표달성을 위한 수단이다.

① ㄱ, ㄴ, ㄷ, ㄹ
② ㄱ, ㄴ, ㄷ, ㅁ
③ ㄱ, ㄴ, ㅁ, ㅂ
④ ㄷ, ㄹ, ㅁ, ㅂ

29 다음 중 조직변화의 유형에 대한 설명으로 가장 적절한 것은?

① 조직변화는 제품과 서비스, 전략, 구조, 기술, 문화 등에서 이루어질 수 있다.
② 고객을 늘리거나 새로운 시장을 확대하기 위해 새로운 기술을 도입한다.
③ 조직의 목적을 달성하고 효율성을 높이기 위해 제품이나 서비스를 변화한다.
④ 신기술이 발명되었을 때나 생산성을 높이기 위해 전략이나 구조를 개선시킨다.

30 다음은 H공단의 해외시장 진출 및 지원 확대를 위한 전략과제의 필요성을 제시한 자료이다. 이를 통해 도출된 과제의 추진방향으로 적절하지 않은 것은?

전략 과제 필요성
1. 해외시장에서 기관이 수주할 수 있는 산업 발굴
2. 국제사업 수행을 통한 경험축적 및 컨소시엄을 통한 기술·노하우 습득
3. 해당 산업 관련 민간기업의 해외진출 활성화를 위한 실질적 지원

① 국제기관의 다양한 자금을 활용하여 사업을 발굴하고, 해당 사업의 해외진출을 위한 기술역량을 강화한다.

② 해외봉사활동 등과 연계하여 기관 이미지 제고 및 사업에 대한 사전조사, 시장조사를 통한 선제적 마케팅 활동을 추진한다.

③ 국제경쟁입찰의 과열 경쟁 심화와 컨소시엄 구성 시 민간기업과 업무배분, 이윤 추구성향 조율에 어려움이 예상된다.

④ 해당 산업 민간(중소)기업을 대상으로 입찰 정보제공, 사업전략 상담, 동반 진출 등을 통한 실질적 지원을 확대한다.

31 H기업의 연구원 C는 기업의 성과관리에 대한 보고서를 작성하던 도중, 임금체계와 성과급에 대한 자료가 필요해 이를 데이터베이스에서 찾으려고 한다. 임금체계와 성과관리가 모두 언급된 자료를 검색하기 위한 검색 키워드로 '임금체계'와 '성과급'을 입력했을 때, 연구원 C가 활용할 수 있는 검색 명령어를 〈보기〉에서 모두 고르면?

H기업은 사회 이슈에 대해 보고서를 발간하며, 모든 자료는 사내 데이터베이스에 보관하고 있다. 데이터베이스를 구축한 지 오랜 시간이 흐르고, 축적한 자료도 많아 원하는 자료를 일일이 찾기엔 어려워 H기업에서는 데이터베이스 이용 시 검색 명령을 활용하라고 권장하고 있다. H기업의 데이터베이스에서 사용할 수 있는 검색 명령어는 아래와 같다.

*	두 단어가 모두 포함된 문서를 검색
OR	두 단어가 모두 포함되거나, 두 단어 중에서 하나만 포함된 문서를 검색
|	OR 대신 사용할 수 있는 명령어
!	! 기호 뒤에 오는 단어는 포함하지 않는 문서를 검색
~	앞/뒤에 단어가 가깝게 인접해 있는 문서를 검색

─〈보기〉─

ㄱ *　　　　　　　　　　　　ㄴ OR
ㄷ !　　　　　　　　　　　　ㄹ ~

① ㄱ

② ㄱ, ㄴ

③ ㄱ, ㄴ, ㄹ

④ ㄴ, ㄷ, ㄹ

32 다음은 데이터베이스에 대한 설명이다. 데이터베이스의 특징으로 적절하지 않은 것은?

> 데이터베이스란 대량의 자료를 관리하고 내용을 구조화하여 검색이나 자료 관리 작업을 효과적으로 실행하는 프로그램으로, 삽입·삭제·수정·갱신 등을 통하여 항상 최신의 데이터를 유동적으로 유지할 수 있으며, 이와 같은 다량의 데이터는 사용자의 질의에 대한 신속한 응답 처리를 가능하게 한다. 또한 이러한 데이터를 여러 명의 사용자가 동시에 공유할 수 있고, 각 데이터를 참조할 때는 사용자가 요구하는 내용에 따라 참조가 가능함은 물론 응용프로그램과 데이터베이스를 독립시킴으로써 데이터를 변경시키더라도 응용프로그램은 변경되지 않는다.

① 실시간 접근성
② 계속적인 진화
③ 내용에 의한 참조
④ 데이터 논리적 의존성

33 H기업에 근무하는 Z사원은 제품 판매 결과보고서를 작성할 때, 자주 사용하는 여러 개의 명령어를 묶어 하나의 키 입력 동작으로 만들어서 빠르게 완성하였다. 그리고 판매 결과를 여러 유통 업자에게 알리기 위해 같은 내용의 안내문을 미리 수집해 두었던 주소록을 활용하여 쉽게 작성하였다. 이러한 사례에서 사용한 워드프로세서(한글 2010)의 기능으로 옳은 것을 〈보기〉에서 모두 고르면?

> ─────── 〈보기〉 ───────
> ㄱ. 매크로
> ㄴ. 글맵시
> ㄷ. 메일 머지
> ㄹ. 하이퍼링크

① ㄱ, ㄴ
② ㄱ, ㄷ
③ ㄴ, ㄷ
④ ㄷ, ㄹ

34 다음은 한글의 기능을 설명한 내용이다. 빈칸 (가), (나)에 들어갈 용어가 바르게 연결된 것은?

> 한글의 기능 중 자주 쓰이는 문자열을 따로 등록해 놓았다가, 필요할 때 등록한 준말을 입력하면 본말 전체가 입력되도록 하는 기능을 ___(가)___(이)라고 하고, 본문에 들어가는 그림이나 표, 글상자, 그리기 개체, 수식에 번호와 제목, 간단한 설명 등을 붙이는 기능을 ___(나)___라고 한다.

	(가)	(나)
①	매크로	캡션달기
②	매크로	메일머지
③	스타일	메일머지
④	상용구	캡션달기

35 다음 시트에서 [B1] 셀에 〈보기〉의 함수를 입력하였을 때, 표시되는 결괏값이 다른 것은?

	A	B
1	333	
2	합격	
3	불합격	
4	12	
5	7	

〈보기〉

(가) =ISNUMBER(A1)
(나) =ISNONTEXT(A2)
(다) =ISTEXT(A3)
(라) =ISEVEN(A4)

① (가)
② (나)
③ (다)
④ (라)

36 다음 중 컴퓨터 바이러스에 대한 설명으로 적절하지 않은 것은?

① 사용자가 인지하지 못한 사이 자가 복제를 통해 다른 정상적인 프로그램을 감염시켜 해당 프로그램이나 다른 데이터 파일 등을 파괴한다.
② 보통 소프트웨어 형태로 감염되나, 메일이나 첨부파일은 감염의 확률이 매우 낮다.
③ 인터넷의 공개 자료실에 있는 파일을 다운로드하여 설치할 때 감염될 수 있다.
④ 온라인 채팅이나 인스턴트 메신저 프로그램을 통해서 전파되기도 한다.

37 다음 중 컴퓨터 시스템을 안정적으로 사용하기 위한 관리 방법으로 적절하지 않은 것은?

① 컴퓨터를 이동하거나 부품을 교체할 때는 반드시 전원을 끄고 작업하는 것이 좋다.
② 직사광선을 피하고 습기가 적으며 통풍이 잘 되고 먼지 발생이 적은 곳에 설치한다.
③ 시스템 백업 기능을 자주 사용하면 시스템 바이러스 감염 가능성이 커진다.
④ 디스크 조각 모음에 대해 예약 실행을 설정하여 정기적으로 최적화한다.

38 사원코드 두 번째 자리의 숫자에 따라 팀이 구분된다. 1은 홍보팀, 2는 기획팀, 3은 교육팀이라고 할 때, 팀명을 구하기 위한 함수로 옳은 것은?

	A	B	C	D	E
1	직원 명단				
2	이름	사원코드	직급	팀명	입사연도
3	강민희	J1203	부장		1980
4	김범민	J1526	과장		1982
5	조현진	J3566	과장		1983
6	최진석	J1523	부장		1978
7	한기욱	J3214	대리		1998
8	정소희	J1632	부장		1979
9	김은정	J2152	대리		1999
10	박미옥	J1125	대리		1997

① IF, MATCH
② CHOOSE, RIGHT
③ COUNTIF, MID
④ CHOOSE, MID

※ 귀하는 지점별 매출 및 매입 현황을 정리하고 있다. 이어지는 질문에 답하시오. [39~40]

	A	B	C	D	E	F
1	지점명	매출	매입			
2	주안점	2,500,000	1,700,000			
3	동암점	3,500,000	2,500,000		최대 매출액	
4	간석점	7,500,000	5,700,000		최소 매출액	
5	구로점	3,000,000	1,900,000			
6	강남점	4,700,000	3,100,000			
7	압구정점	3,000,000	1,500,000			
8	선학점	2,500,000	1,200,000			
9	선릉점	2,700,000	2,100,000			
10	교대점	5,000,000	3,900,000			
11	서초점	3,000,000	1,900,000			
12	합계					

39 다음 중 매출과 매입의 합계를 구할 때 사용할 함수는?

① REPT
② SUM
③ AVERAGE
④ CHOOSE

40 다음 중 [F3] 셀을 구하는 함수식으로 옳은 것은?

① =MIN(B2:B11)
② =MAX(B2:B11)
③ =MIN(C2:C11)
④ =MAX(C2:C11)

41 다음 자료를 그래프로 나타내고자 할 때, 가장 적절한 그래프는?

〈H타이어 전국 가맹점 연간 매출액〉

(단위 : 억 원)

가맹점	2021년	2022년	2023년	2024년
서울 1호점	120	150	180	280
부산 2호점	150	140	135	110
대구 3호점	30	70	100	160

① 원 그래프
② 점 그래프
③ 선 그래프
④ 꺾은선 그래프

42 다음은 2024년 극한기후 유형별 발생일수와 발생지수에 대한 자료이다. 이에 대한 설명으로 옳은 것은?

〈2024년 극한기후 유형별 발생일수와 발생지수〉

유형	폭염	한파	호우	대설	강풍
발생일수(일)	16	5	3	0	1
발생지수	5.00	( )	( )	1.00	( )

※ 극한기후 유형은 폭염, 한파, 호우, 대설, 강풍만 존재한다.

〈산정식〉

$$(극한기후\ 발생지수) = 4 \times \left(\frac{A-B}{C-B} \right) + 1$$

• A : 당해 연도 해당 극한기후 유형 발생일수
• B : 당해 연도 폭염, 한파, 호우, 대설, 강풍의 발생일수 중 최솟값
• C : 당해 연도 폭염, 한파, 호우, 대설, 강풍의 발생일수 중 최댓값

① 발생지수가 가장 높은 유형은 한파이다.
② 호우의 발생지수는 2.00 이상이다.
③ 대설과 강풍의 발생지수의 합은 호우의 발생지수보다 크다.
④ 극한기후 유형별 발생지수의 평균은 3.00 이상이다.

43 팀 A~C에 대한 근무만족도 조사를 한 결과 근무만족도 평균이 〈조건〉과 같을 때, 다음 중 이에 대한 설명으로 옳은 것은?

─〈조건〉─

- A팀은 근무만족도 평균이 80점이다.
- B팀은 근무만족도 평균이 90점이다.
- C팀은 근무만족도 평균이 40점이다.
- A팀과 B팀의 근무만족도 평균은 88점이다.
- B팀과 C팀의 근무만족도 평균은 70점이다.

① C팀의 사원 수는 짝수다.

② A팀의 사원의 근무만족도 평균이 가장 낮다.

③ B팀의 사원 수는 A팀 사원 수의 2배수다.

④ A, B, C팀의 근무만족도 평균은 70점이 넘지 않는다.

44 다음은 천식 의사진단율을 나타낸 자료이다. 이를 해석한 내용으로 옳은 것은?(단, 소수점 첫째 자리에서 절사한다)

〈천식 의사진단율〉

구분	남학생		여학생	
	분석대상자 수(명)	진단율(%)	분석대상자 수(명)	진단율(%)
중1	5,178	9.1	5,011	6.7
중2	5,272	10.8	5,105	7.6
중3	5,202	10.2	5,117	8.5
고1	5,069	10.4	5,096	7.6
고2	5,610	9.8	5,190	8.2
고3	5,293	8.7	5,133	7.6

① 분석대상자 수는 남학생과 여학생 모두 학년이 올라갈수록 증가한다.

② 중학교와 고등학교 모두 학년별 남학생의 수가 여학생의 수보다 많다.

③ 중학교 때는 각 학년 남학생의 천식 진단율이 여학생보다 높았지만 고등학교 때는 반대이다.

④ 천식 진단을 받은 여학생의 수는 중·고등학교 모두 남학생보다 적다.

45 다음은 H기업의 재화 생산량에 따른 총 생산비용의 변화를 나타낸 자료이다. 기업의 생산 활동과 관련하여 옳은 것을 〈보기〉에서 모두 고르면?(단, 재화 1개당 가격은 7만 원이다)

생산량(개)	0	1	2	3	4	5
총 생산비용(만 원)	5	9	12	17	24	33

〈보기〉
ㄱ. 2개와 5개를 생산할 때의 이윤은 동일하다.
ㄴ. 이윤을 극대화할 수 있는 최대 생산량은 4개이다.
ㄷ. 4개에서 5개로 생산량을 증가시킬 때 이윤은 증가한다.
ㄹ. 1개를 생산하는 것보다 생산을 하지 않는 것이 손해가 적다.

① ㄱ, ㄴ   ② ㄱ, ㄷ
③ ㄴ, ㄷ   ④ ㄷ, ㄹ

46 B씨는 마당에 원통형 스탠드 식탁을 만들어 페인트칠을 하려고 한다. 페인트칠 비용이 원형 윗면은 넓이 $1m^2$당 10만 원, 옆면은 넓이 $1m^2$당 7만 원일 때, 윗면과 옆면에 페인트칠을 하는 데 들어가는 총비용은 얼마인가?[단, 원주율(π)은 3으로 계산한다]

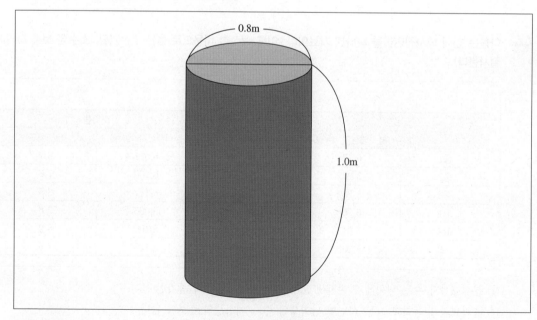

0.8m

1.0m

① 192,000원   ② 205,000원
③ 215,000원   ④ 216,000원

다음은 소양강댐의 수질정보에 대한 자료이다. 이에 대한 내용으로 옳지 않은 것은?

〈소양강댐의 수질정보〉

(단위 : ℃, mg/L)

구분	수온	DO	BOD	COD
1월	5	12.0	1.4	4.1
2월	5	11.5	1.1	4.5
3월	8	11.3	1.3	5.0
4월	13	12.1	1.5	4.6
5월	21	9.4	1.5	6.1
6월	23	7.9	1.3	4.1
7월	27	7.3	2.2	8.9
8월	29	7.1	1.9	6.3
9월	23	6.4	1.7	6.6
10월	20	9.4	1.7	6.9
11월	14	11.0	1.5	5.2
12월	9	11.6	1.4	6.9

※ DO : 용존산소량
※ BOD : 생화학적 산소요구량
※ COD : 화학적 산소요구량

① 조사기간 중 8월의 수온이 가장 높았다.
② DO가 가장 많았을 때와 가장 적었을 때의 차는 5.7mg/L이다.
③ 소양강댐의 COD는 항상 DO보다 적었다.
④ 7월 대비 12월 소양강댐의 BOD 감소율은 30% 이상이다.

48 다음은 물이용부담금 총액에 대한 자료이다. 이에 대한 〈보기〉 중 옳지 않은 것은?

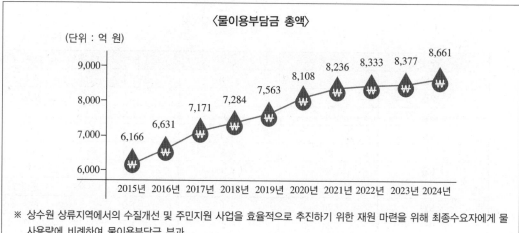

〈물이용부담금 총액〉
(단위 : 억 원)

※ 상수원 상류지역에서의 수질개선 및 주민지원 사업을 효율적으로 추진하기 위한 재원 마련을 위해 최종수요자에게 물 사용량에 비례하여 물이용부담금 부과
※ 한강, 낙동강, 영·섬유역의 물이용부담금 단가는 170원/m³, 금강유역은 160원/m³

─〈보기〉─
㉠ 물이용부담금 총액은 지속적으로 증가하는 추세를 보이고 있다.
㉡ 2016 ~ 2024년 중 물이용부담금 총액이 전년 대비 가장 많이 증가한 해는 2017년이다.
㉢ 2024년 물이용부담금 총액에서 금강유역 물이용부담금 총액이 차지하는 비중이 20%라면, 2024년 금강 유역에서 사용한 물의 양은 약 10.83억m³이다.
㉣ 2024년 물이용부담금 총액은 전년 대비 약 3.2% 이상 증가했다.

① ㉠   ② ㉡
③ ㉢   ④ ㉣

49 H공단은 회사 복지 프로그램인 A ~ C안에 대한 투표를 진행했다. 총 50명의 직원이 한 표씩 행사했고, 지금까지의 개표 결과는 다음과 같다. 무효표 없이 모두 정상적으로 투표했다고 할 때, A, B안의 득표수와 상관없이 C안이 선정되려면 최소 몇 표가 더 필요한가?

〈개표 중간 결과〉

A안	B안	C안
15표	8표	6표

① 16표   ② 15표
③ 14표   ④ 13표

50 다음은 H국 국회의원의 SNS(소셜네트워크서비스) 이용자 수 현황에 대한 자료이다. 이를 이용하여 작성한 그래프로 옳지 않은 것은?(단, 소수점 둘째 자리에서 반올림한다)

〈H국 국회의원의 SNS 이용자 수 현황〉

(단위 : 명)

구분	정당	당선 횟수별				당선 유형별		성별	
		초선	2선	3선	4선 이상	지역구	비례대표	남자	여자
여당	A	82	29	22	12	126	19	123	22
야당	B	29	25	13	6	59	14	59	14
	C	7	3	1	1	7	5	10	2
합계		118	57	36	19	192	38	192	38

① 국회의원의 여야별 SNS 이용자 수

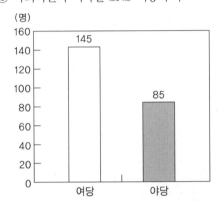

② 남녀 국회의원의 여야별 SNS 이용자 구성비

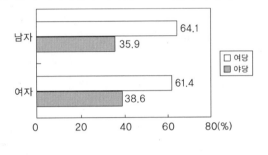

③ 야당 국회의원의 당선 횟수별 SNS 이용자 구성비

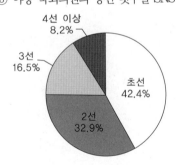

④ 2선 이상 국회의원의 정당별 SNS 이용자 수

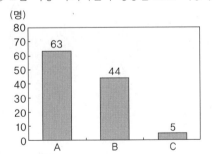

합격의공식
시대
에듀
www.sdedu.co.kr

4일 차
기출응용 모의고사

www.sdedu.co.kr

〈문항 및 시험시간〉

평가영역	문항 수	시험시간	모바일 OMR 답안채점/성적분석 서비스
의사소통+문제해결+조직이해+정보+수리	50문항	50분	

4일 차 기출응용 모의고사

문항 수 : 50문항
응시시간 : 50분

01 다음 글의 논지를 반박하는 진술로 가장 적절한 것은?

> 자신의 스마트폰 없이는 도무지 일과를 진행하지 못하는 K의 경우를 생각해 보자. 그의 일과표는 전부 스마트폰에 저장되어 있어서 그의 스마트폰은 적절한 때가 되면 그가 해야 할 일을 알려줄 뿐만 아니라 약속 장소로 가기 위해 무엇을 타고 어떻게 움직여야 할지까지 알려 준다. K는 어릴 때 보통 사람보다 기억력이 매우 나쁘다는 진단을 받았지만 스마트폰 덕분에 어느 동료에게도 뒤지지 않는 업무 능력을 발휘하고 있다. 이와 같은 경우, K는 스마트폰 덕분에 인지 능력이 보강된 것으로 볼 수 있는데, 그 보강된 인지 능력을 K 자신의 것으로 볼 수 있는가? 이 물음에 대한 답은 긍정이다. 즉, 우리는 K의 스마트폰이 그 자체로 K의 인지 능력 일부를 실현하고 있다고 보아야 한다. 그런 판단의 기준은 명료하다. 스마트폰의 메커니즘이 K의 손바닥 위나 책상 위가 아니라 그의 두뇌 속에서 작동하고 있다고 가정해 보면 된다. 물론 사실과 다른 가정이지만 만일 그렇게 가정한다면 우리는 필경 K 자신이 모든 일과를 정확하게 기억하고 있고 또 약속 장소를 잘 찾아간다고 평가할 것이다. 이처럼 '만일 K의 두뇌 속에서 일어난다면'이라는 상황을 가정했을 때 그것을 K 자신의 기억이나 판단이라고 인정할 수 있다면, 그런 과정은 K 자신의 인지 능력이라고 평가해야 한다.

① K가 자신이 미리 적어 놓은 메모를 참조해서 기억력 시험 문제에 답한다면 누구도 K가 그 문제의 답을 기억한다고 인정하지 않는다.

② K가 종이 위에 연필로 써가며 253×87과 같은 곱셈을 할 경우 종이와 연필의 도움을 받은 연산 능력 역시 K 자신의 인지 능력으로 인정해야 한다.

③ K가 집에 두고 나온 스마트폰에 원격으로 접속하여 거기 담긴 모든 정보를 알아낼 수 있다면 그는 그 스마트폰을 손에 가지고 있는 것과 다름없다.

④ 스마트폰의 모든 기능을 두뇌 속에서 작동하게 하는 것이 두뇌 밖에서 작동하게 하는 경우보다 우리의 기억력과 인지 능력을 향상시키지 않는다.

02 다음은 김부장과 박부장의 대화 내용이다. 김부장은 박부장의 조언에 따라 〈보기〉와 같이 말했을 때, 조언을 제대로 활용하지 못한 것을 모두 고르면?

> 김부장 : 요즘 우리 부서 직원들이 실수를 자주 하는데, 어떻게 꾸짖어야 하는지 잘 모르겠어. 혹시 내가 말을 잘못해서 상처받지 않을까 하고 그냥 참고 있는데, 좋은 방법이 없을까?
>
> 박부장 : 아, 그럴 때는 상황에 맞는 의사표현법을 써야지. 상대방의 기분을 해치지 않으면서도 효과적으로 내 의사를 전달할 수 있게 말이야.
>
> 김부장 : 그래? 몇 가지 방법 좀 알려줄 수 있어?
>
> 박부장 : 부하 직원이 잘못을 저질렀을 때는 본인이 알 수 있도록 확실하게 지적해야 해. 괜히 돌려 말한다고 모호한 말로 얘기하면 설득력이 떨어져. 그리고 이왕 꾸짖는 거니 그동안 잘못했던 일을 한꺼번에 얘기하면 서로 불편한 일 여러 번 하지 않아서 좋지.
>
> 김부장 : 그렇군.
>
> 박부장 : 그리고 질책만 하지 말고, 칭찬을 먼저 하고 질책을 한 다음, 끝에 격려의 말을 한다면 더 좋을 거야.
>
> 김부장 : 그래. 너무 질책만 하면 의기소침해질 수 있으니까.
>
> 박부장 : 또 충고해야 할 때는 속담이나 예화를 들어 비유법으로 깨우쳐주면 듣는 사람도 이해하기가 쉽겠지. 그리고 충고는 가급적이면 최후의 수단으로 하는 것이 좋아. 그나저나, 우리 부서 강과장이 연단공포증이 있어서 큰일이야. 지난번에 실적 발표를 하면서 덜덜 떨던 거 자네도 기억하나? 앞으로 많은 사람 앞에서 발표할 일이 많을 텐데 어떻게 해줘야 할지 모르겠어.

〈보기〉

ㄱ. '두 마리 토끼를 잡으려다 한 마리도 못 잡는다.'라는 말이 있지 않나. 너무 욕심 부리지 말고 지금 진행하고 있는 프로젝트부터 끝내도록 하게.

ㄴ. 보고서 21페이지의 표가 잘못되었어. 2023년이 아니라 2024년 수치로 넣도록 해.

ㄷ. 최근 고객으로부터 자네가 불친절하다는 항의를 들었어. 고객대응 매뉴얼을 다시 한 번 정독하고 앞으로는 이런 얘기가 나오지 않도록 하게.

ㄹ. 계약서를 이렇게 쓰면 어떻게 하나. 그래도 채대리는 꼼꼼한 성격이니 다음부터는 이런 실수가 없을 거야. 기운 내도록 해.

ㅁ. 최사원의 이번 기획안이 참 좋네. 세부 계획의 내용이 좀 부족한데 그 부분을 상세하게 수정하면 잘 될걸세.

① ㄱ

② ㄴ

③ ㄹ

④ ㄷ, ㅁ

※ 다음 글을 읽고 추론할 수 있는 내용으로 가장 적절한 것을 고르시오. [3~4]

03

조선이 임진왜란 중에도 필사적으로 보존하고자 한 서적이 바로 조선왕조실록이다. 실록은 원래 서울의 춘추관과 성주·충주·전주 4곳의 사고(史庫)에 보관되었으나, 임진왜란 이후 전주 사고의 실록만 온전한 상태였다. 전란이 끝난 후 단 1벌 남은 실록을 다시 여러 벌 등서하자는 주장이 제기되었다. 우여곡절 끝에 실록 인쇄가 끝난 시기는 1606년이었다. 재인쇄 작업의 결과 원본을 포함해 모두 5벌의 실록을 갖추게 되었다. 원본은 강화도 마니산에 봉안하고 나머지 4벌은 서울의 춘추관과 평안도 묘향산, 강원도의 태백산과 오대산에 봉안했다.

이 5벌 중에서 서울 춘추관의 것은 1624년 이괄의 난 때 불에 타 없어졌고, 묘향산의 것은 1633년 후금과의 관계가 악화되자 전라도 무주의 적상산에 사고를 새로 지어 옮겼다. 강화도 마니산의 것은 1636년 병자호란 때 청군에 의해 일부 훼손되었던 것을 현종 때 보수하여 숙종 때 강화도 정족산에 다시 봉안했다. 결국 내란과 외적 침입으로 인해 5곳 가운데 1곳의 실록은 소실되었고, 1곳의 실록은 장소를 옮겼으며, 1곳의 실록은 손상을 입었던 것이다.

정족산, 태백산, 적상산, 오대산 4곳의 실록은 그 후 안전하게 지켜졌다. 그러나 일본이 다시 여기에 손을 대었다. 1910년 조선 강점 이후 일제는 정족산과 태백산에 있던 실록을 조선총독부로 이관하고, 적상산의 실록은 구황궁 장서각으로 옮겼으며, 오대산의 실록은 일본 동경제국대학으로 반출했다. 일본으로 반출한 것은 1923년 관동 대지진 때 거의 소실되었다. 정족산과 태백산의 실록은 1930년에 경성제국대학으로 옮겨져 지금까지 서울대학교에 보존되어 있다. 한편 장서각의 실록은 6·25 전쟁 때 북한으로 옮겨져 현재 김일성종합대학에 소장되어 있다.

① 재인쇄하였던 실록은 모두 5벌이다.

② 태백산에 보관하였던 실록은 현재 일본에 있다.

③ 현재 한반도에 남아 있는 실록은 모두 4벌이다.

④ 현존하는 실록 중에서 가장 오래된 것은 서울대학교에 있다.

04

바다 속에 서식했던 척추동물의 조상형 동물들은 체와 같은 구조를 이용하여 물속의 미생물을 걸러 먹었다. 이들은 몸집이 아주 작아서 물속에 녹아 있는 산소가 몸 깊숙한 곳까지 자유로이 넘나들 수 있었기 때문에 별도의 호흡계가 필요하지 않았다. 그런데 몸집이 커지면서 먹이를 거르던 체와 같은 구조가 호흡 기능까지 갖게 되어 마침내 아가미 형태로 변형되었다. 즉, 소화계의 일부가 호흡 기능을 담당하게 된 것이다. 그 후 호흡계의 일부가 변형되어 허파로 발달하고, 그 허파는 위장으로 이어지는 식도 아래쪽으로 뻗어 나갔다. 한편, 공기가 드나드는 통로는 콧구멍에서 입천장을 뚫고 들어가 입과 아가미 사이에 자리 잡게 되었다. 이러한 진화 과정을 보여 주는 것이 폐어(肺魚) 단계의 호흡계 구조이다.

이후 진화 과정이 거듭되면서 호흡계와 소화계가 접하는 지점이 콧구멍 바로 아래로부터 목 깊숙한 곳으로 이동하였다. 그 결과 머리와 목구멍의 구조가 변형되지 않는 범위 내에서 호흡계와 소화계가 점차 분리되었다. 즉, 처음에는 길게 이어져 있던 호흡계와 소화계의 겹친 부위가 점차 짧아졌고, 마침내 하나의 교차점으로만 남게 된 것이다. 이것이 인간을 포함한 고등 척추동물에서 볼 수 있는 호흡계의 기본 구조이다. 따라서 음식물로 인한 인간의 질식 현상은 척추동물 조상형 단계를 지나 자리 잡게 된 허파의 위치(당시에는 최선의 선택) 때문에 생겨난 진화의 결과라 할 수 있다.

① 진화는 순간순간에 필요한 대응일 뿐 최상의 결과를 내는 과정이 아니다.
② 조상형 동물은 몸집이 커지면서 호흡기능의 중요성이 줄어드는 대신 소화기능이 중요해졌다.
③ 폐어 단계의 호흡계 구조에서 갖고 있던 아가미는 척추동물의 허파로 진화하였다.
④ 지금의 척추동물과는 달리 조상형 동물들은 산소를 필요로 하지 않았다.

05 다음 중 밑줄 친 부분과 같은 의미로 쓰인 것은?

소속팀의 예선 탈락 소식을 들은 그는 충격을 <u>받았다</u>.

① 갑자기 몰려드는 손님을 <u>받느라</u> 정신이 없다.
② 네가 원하는 요구 조건을 <u>받아</u> 주기 어렵다.
③ 그녀는 환경 연구 논문으로 학위를 <u>받았다</u>.
④ 그는 과도한 업무로 인해 많은 스트레스를 <u>받았다</u>.

06 다음 문단을 논리적 순서대로 바르게 나열한 것은?

(가) 고창 갯벌은 서해안에 발달한 갯벌로서 다양한 해양 생물의 산란·서식지이며, 어업인들의 삶의 터전으로 많은 혜택을 주었다. 그러나 최근 축제식 양식과 육상에서부터 오염원 유입 등으로 인한 환경 변화로 체계적인 이용·관리 방안이 지속적으로 요구됐다.

(나) 정부는 전라북도 고창 갯벌 약 11.8km²를 '습지보전법'에 의한 '습지보호지역'으로 지정하며 고시한다고 밝혔다. 우리나라에서 일곱 번째로 지정되는 고창 갯벌은 칠면초·나문재와 같은 다양한 식물이 자생하고, 천연기념물인 황조롱이와 멸종 위기종을 포함한 46종의 바닷새가 서식하는, 생물 다양성이 풍부하며 보호 가치가 큰 지역으로 나타났다.

(다) 정부는 이번 습지보호지역으로 지정된 고창 갯벌을 람사르 습지로 등록할 계획이며, 제2차 연안습지 기초조사를 실시하여 보전 가치가 높은 갯벌뿐만 아니라 훼손된 갯벌에 대한 관리도 강화해 나갈 계획이다.

(라) 습지보호지역으로 지정되면 이 지역에서 공유수면 매립, 골재 채취 등의 갯벌 훼손 행위는 금지되나, 지역 주민이 해 오던 어업 활동이나 갯벌 이용 행위에는 특별한 제한이 없다.

① (가) – (나) – (다) – (라)
② (가) – (라) – (나) – (다)
③ (나) – (가) – (라) – (다)
④ (다) – (가) – (나) – (라)

07 다음 중 빈칸에 들어갈 내용으로 가장 적절한 것은?

멋이라는 것도 일상생활의 단조로움이나 생활의 압박에서 해방되려는 노력의 하나일 것이다. 끊임없이 일상의 복장, 그 복장이 주는 압박감에서 벗어나기 위해 옷을 잘 차려입는 사람은 그래도 멋쟁이다. 삶을 공리적 계산으로서가 아니라 즐김의 대상으로 볼 수 있게 해 주는 활동, 가령 서도(書道)라든가 다도(茶道)라든가 꽃꽂이라든가 하는 일을 즐길 줄 아는 사람을 우리는 생활의 멋을 아는 사람이라고 말한다. 그러나 그렇다고 해서 값비싸고 화려한 복장, 어떠한 종류의 스타일과 수련을 전제하는 활동만이 멋을 나타내는 것은 아니다. 때에 따라서는 털털한 옷차림, 아무런 세련도 거죽에 내세울 것이 없는 툭툭한 생활 태도가 멋있게 생각될 수도 있다. 기준적인 것에 변화를 더하는 것이 중요한 것이다. 그러나 기준으로부터 편차가 너무 커서는 안 된다. 혐오감을 불러일으킬 정도의 몸가짐, 몸짓 또는 생활 태도는 멋이 있는 것으로 생각되지 않는다. 편차는 어디까지나 기준에 의해서만 존재하는 것이다. 따라서 _____

① 멋은 어떤 의도가 결부되지 않았을 때 자연스럽게 창조되는 것이다.
② 멋은 다른 사람의 관점을 존중하며 사회적 관습에 맞게 창조해야 한다.
③ 멋은 일상적인 것을 뛰어넘는 비범성을 가장 본질적인 특징으로 삼는 것이다.
④ 멋은 나와 남의 눈이 부딪치는 사회적 공간에서 형성되는 것이라고 할 수 있다.

08 김부장은 직원들의 위생 관리를 위해 관련 기사를 매주 월요일마다 제공하고 있다. 다음 중 관련 기사를 본 직원들의 반응으로 적절하지 않은 것은?

올해 첫 비브리오패혈증 환자 발생…예방수칙 지키세요!
어패류 충분히 가열해 먹어야…피부 상처 있으면 바닷물 접촉 금지

올해 첫 비브리오패혈증 환자가 발생했다. 질병관리본부는 만성 간 질환자와 당뇨병 환자, 알코올 중독자 등 비브리오패혈증 고위험군은 감염 예방을 위해 각별한 주의를 당부했다.

질병관리본부에 따르면 올해 첫 비브리오패혈증 환자는 이달 발생해 항생제 치료를 받고 현재는 회복한 상태이다. 이 환자는 B형간염을 동반한 간경화를 기저질환으로 앓고 있는 상태이며, 질병관리본부는 역학조사를 통해 위험요인 등을 확인하고 있다.

비브리오패혈증은 어패류를 날로 또는 덜 익혀 먹었을 때, 상처 난 피부가 오염된 바닷물에 접촉했을 때 감염될 수 있으며 급성 발열과 오한, 복통, 구토, 설사 등의 증세가 나타난다. 이후 24시간 이내에 발진, 부종 등 피부 병변이 생기기 시작해 수포가 형성되고 점차 범위가 커지며 괴사성 병변으로 진행된다. 특히 간 질환이나 당뇨병 등 만성질환자, 알코올 중독자, 백혈병 환자, 면역결핍 환자 등 고위험군은 치사율이 50%까지 높아지므로 더욱 주의해야 한다.

비브리오패혈증은 6월부터 10월 사이에 주로 발생하고, 환자는 9월에 가장 많이 나오며, 비브리오패혈증균은 지난 3월 전라남도 여수시 해수에서 올해 처음으로 검출된 이후 전남과 경남, 인천, 울산의 바다에서 계속 확인되고 있다.

비브리오패혈증 예방을 위해서는 어패류를 충분히 가열해 먹고 피부에 상처가 있는 사람은 오염된 바닷물과 접촉을 금지해야 한다. 또 어패류는 가급적 5℃ 이하로 저온 저장하고 어패류를 요리한 도마, 칼 등은 소독 후 사용해야 한다.

---

① 강대리 : 건강검진에서 간 수치가 높게 나왔는데 어패류를 날로 먹지 않는 것이 좋겠어요.
② 박사원 : 어패류 조리 시 해수로 깨끗이 씻어야겠어요.
③ 최사원 : 어패류를 먹고 발열이나 복통증세가 나타나면 비브리오패혈증을 의심할 수 있겠어요.
④ 윤과장 : 어패류를 요리한 도마, 칼 등은 항상 소독 후 사용하는 습관을 들여야겠어요.

09 다음 글을 읽고 비효율적인 일중독자의 사례로 적절하지 않은 것은?

일중독자란 일을 하지 않으면 초조해하거나 불안해하는 증상이 있는 사람을 지칭한다. 이는 1980년대 초부터 사용하기 시작한 용어로, 미국의 경제학자 W. 오츠의 저서 『워커홀릭』에서도 확인할 수 있다. 일중독은 여러 원인이 있지만 보통 경제력에 대해 강박관념을 가지고 있는 사람, 완벽을 추구하거나 성취지향적인 사람, 자신의 능력을 과장되게 생각하는 사람, 배우자와 가정으로부터 도피하려는 성향이 강한 사람, 외적인 억압으로 인하여 일을 해야만 한다고 정신이 변한 사람 등에게 나타나는 경향이 있다.

일중독 증상을 가진 사람들의 특징은 일을 하지 않으면 불안해하고 외로움을 느끼며, 자신의 가치가 떨어진다고 생각한다는 것이다. 따라서 일에 지나치게 집착하는 모습을 보이며, 이로 인해 사랑하는 연인 또는 가족과 소원해지며 인간관계에 문제를 겪는 모습을 볼 수 있다. 하지만 모든 일중독이 이렇듯 부정적인 측면만 있는 것은 아니다. 노는 것보다 일하는 것이 더욱 즐겁다고 여기는 경우도 있다. 예를 들어, 자신의 관심사를 직업으로 삼은 사람들이 이에 해당한다. 이 경우 일 자체에 흥미를 느끼게 된다.

일중독에도 유형이 다양하다. 그중 계획적이고 합리적인 관점에서 업무를 수행하는 일중독자가 있는 반면, 일명 '비효율적인 일중독자'라 일컬어지는 일중독자도 있다. 비효율적인 일중독자는 크게 '지속적인 일중독자', '주의결핍형 일중독자', '폭식적 일중독자', '배려적 일중독자' 네 가지로 나누어 설명할 수 있다. 첫 번째로 '지속적인 일중독자'는 매일 야근도 불사하고, 휴일이나 주말에도 일을 놓지 못하는 유형이다. 이러한 유형은 완벽에 대해 기준을 높게 잡고 있기 때문에 본인은 물론이고 주변 동료에게도 완벽을 강요한다. 두 번째로 '주의결핍형 일중독자'는 모두가 안 될 것 같다고 만류하는 일이나 한 번에 소화할 수 없을 만큼 많은 업무를 담당하는 유형이다. 이러한 유형은 완벽하게 일을 해내고 싶다는 부담감 등으로 인해 결국 업무를 제대로 마무리하지 못하는 경우가 대부분이다. 세 번째로 '폭식적 일중독자'는 음식을 과다 섭취하는 폭식처럼 일을 한 번에 몰아서 하는 유형이다. 간단히 보면 이러한 유형은 일중독과는 거리가 멀다고 생각할 수 있지만, 일을 완벽하게 해내고 싶다는 사고에 사로잡혀 있으나 두려움에 선뜻 일을 시작하지 못한다는 점에서 일중독 중 하나로 간주한다. 마지막으로 '배려적 일중독자'는 다른 사람의 업무 등에 지나칠 정도로 책임감을 느끼는 유형이다.

이렇듯 일중독자란 일에 지나치게 집착하는 사람으로 생각할 수도 있지만, 일중독인 사람들은 일로 인해 자신의 자존감이 올라가고 가치가 매겨진다 생각하기도 한다. 그러나 이러한 일중독자가 단순히 업무에 많은 시간을 소요하는 사람이라는 인식은 재고할 필요가 있다.

① 장기적인 계획을 세워 업무를 수행하는 A사원
② K사원의 업무에 책임감을 느끼며 괴로워하는 B대리
③ 마감 3일 전에 한꺼번에 일을 몰아서 하는 C주임
④ 휴일이나 주말에도 집에서 업무를 수행하는 D사원

10 다음 글의 빈칸에 들어갈 말로 가장 적절한 것은?

> 전통문화는 근대화의 과정에서 해체되는 것인가, 아니면 급격한 사회 변동의 과정에서도 유지될 수 있는 것인가? 전통문화의 연속성과 재창조는 왜 필요하며, 어떻게 이루어지는가? 외래문화의 토착화(土着化), 한국화(韓國化)는 사회 변동과 문화 변화의 과정에서 무엇을 의미하는가? 이상과 같은 의문들은 오늘날 한국 사회에서 논란의 대상이 되고 있으며, 입장에 따라 상당한 견해 차이도 드러내고 있다.
>
> 전통의 유지와 변화에 대한 견해 차이는 오늘날 한국 사회에서 단순하게 보수주의와 진보주의의 차이로 이해될 성질의 것이 아니다. 한국 사회의 근대화는 이미 한 세기의 역사를 가지고 있으며, 앞으로도 계속되어야 할 광범하고 심대(深大)한 사회 구조적 변동이다. 그렇기 때문에, 보수주의적 성향을 가진 사람들도 전통문화의 변질을 어느 정도 수긍하지 않을 수 없는가 하면, 사회 변동의 강력한 추진 세력 또한 문화적 전통의 확립을 주장하지 않을 수 없다.
>
> 또 한국 사회에서 전통문화의 변화에 관한 논의는 단순히 외래문화이냐 전통문화이냐의 양자택일적인 문제가 될 수 없다는 것도 명백하다. 근대화는 전통문화의 연속성과 변화를 다 같이 필요로 하며, 외래문화의 수용과 그 토착화 등을 함께 요구하는 것이기 때문이다. 그러므로 전통을 계승하고 외래문화를 수용할 때에 무엇을 취하고 무엇을 버릴 것이냐 하는 문제도 단순히 문화의 보편성(普遍性)과 특수성(特殊性)이라고 하는 기준에서만 다룰 수는 없다. 근대화라고 하는 사회 구조적 변동이 문화 변화를 결정지을 것이기 때문에, 전통문화의 변화 문제를 _____에서 다루어 보는 분석이 매우 중요하리라고 생각한다.

① 보수주의의 시각
② 진보주의의 시각
③ 사회 변동의 시각
④ 외래와 전통의 시각

※ H공단은 임직원들의 체력을 증진하고 단합행사 장소를 개선하기 위해 노후된 운동장 및 체육관 개선 공사를 실시하고자 입찰 공고를 하였다. 다음 자료를 보고 이어지는 질문에 답하시오. [11~12]

〈입찰 참여 건설사 정보〉

업체	최근 3년 이내 시공규모	기술력 평가	친환경 설비 도입비중	경영 건전성	입찰가격
A	700억 원	A등급	80%	2등급	85억 원
B	250억 원	B등급	72%	1등급	78억 원
C	420억 원	C등급	55%	3등급	60억 원
D	1,020억 원	A등급	45%	1등급	70억 원
E	720억 원	B등급	82%	2등급	82억 원
F	810억 원	C등급	61%	1등급	65억 원

〈항목별 점수 산정 기준〉

• 기술력 평가, 친환경 설비 도입비중, 경영 건전성은 등급 혹은 구간에 따라 점수로 환산하여 반영한다.
• 기술력 평가 등급별 점수(기술 점수)

등급	A등급	B등급	C등급
점수	30점	20점	15점

• 친환경 설비 도입비중별 점수(친환경 점수)

친환경 설비 도입비중	90% 이상 100% 이하	75% 이상 90% 미만	60% 이상 75% 미만	60% 미만
점수	30점	25점	20점	15점

• 경영 건전성 등급별 점수(경영 점수)

등급	1등급	2등급	3등급	4등급
점수	30점	26점	22점	18점

11 H공단은 다음 선정 기준에 따라 시공업체를 선정하고자 한다. 이때, 선정될 업체는?

〈운동장 및 체육관 개선 공사 시공업체 선정 기준〉

• 최근 3년 이내 시공규모가 500억 원 이상인 업체를 대상으로 선정한다.
• 입찰가격이 80억 원 미만인 업체를 대상으로 선정한다.
• 입찰점수는 기술 점수, 친환경 점수, 경영 점수를 1 : 1 : 1의 가중치로 합산하여 산정한다.
• 입찰점수가 가장 높은 업체 1곳을 선정한다.

① B업체
② D업체
③ E업체
④ F업체

12 H공단은 더 많은 업체의 입찰 참여를 위해 시공업체 선정 기준을 다음과 같이 변경하였다. 변경된 기준을 바탕으로 선정될 업체는?

〈운동장 및 체육관 개선 공사 시공업체 선정 기준(개정)〉

• 최근 3년 이내 시공규모가 400억 원 이상인 업체를 대상으로 선정한다.
• 입찰가격을 다음과 같이 가격 점수로 환산하여 반영한다.

입찰가격	60억 원 이하	60억 원 초과 70억 원 이하	70억 원 초과 80억 원 이하	80억 원 초과
점수	15점	12점	10점	8점

• 입찰점수는 기술 점수, 친환경 점수, 경영 점수, 가격 점수를 1 : 1 : 1 : 2의 가중치로 합산하여 산정한다.
• 입찰점수가 가장 높은 업체 1곳을 선정한다.

① A업체
② C업체
③ D업체
④ E업체

13 다음 중 밑줄 친 ㉠에서 나타난 논리적 오류는?

H기업 기획팀의 이현수 대리는 금일 오후 5시까지 전산시스템을 통해 제출해야 하는 사업계획서를 제출하지 못하였다. 이는 H기업이 정부로부터 지원금을 받을 수 있는 매우 중요한 사안으로, 이번 사건으로 H기업 전체에 비상이 걸렸다. 이현수 대리를 비롯하여 사업계획서와 관련된 담당자들은 금일 오후 4시 30분까지 제출 준비를 모두 마쳤으나, 회사 전산망 마비로 전산시스템 접속이 불가능해 사업계획서를 제출하지 못하였다. 이들은 정부 기관 측 담당자에게 사정을 설명하였으나, 담당자는 예외는 없다고 답변하였다. 이를 지켜본 강민호 부장은 "㉠ 이현수 대리는 기획팀을 대표하는 인재인데 이런 실수를 하다니 기획팀이 하는 업무는 모두 실수투성일 것이 분명할 것"이라고 말하였다.

① 권위나 인신공격에 의존한 논증
② 애매성의 오류
③ 연역법의 오류
④ 허수아비 공격의 오류

14 다음 사례에서 H회사의 신제품 개발과 관련하여 가장 필요했던 것은?

〈상황〉

설탕과 프림을 넣지 않은 고급 인스턴트 블랙커피를 커피믹스와 같은 스틱 형태로 선보이겠다는 아이디어를 제시하였지만, 인스턴트커피를 제조하고 판매하는 H회사의 경영진의 반응은 차가웠다. H회사의 커피믹스가 너무 잘 판매되고 있었기 때문이었다.

〈회의 내용〉

기획팀 부장 : 신제품 개발과 관련된 회의를 진행하도록 하겠습니다. 이 자리는 누구에게 책임이 있는지를 묻는 회의가 아닙니다. 신제품 개발에 대한 서로의 상황을 인지하고 문제 상황을 해결하자는 데 그 의미가 있습니다. 먼저 신제품 개발과 관련하여 마케팅팀 의견을 제시해 주십시오.

마케팅 부장 : A제품이 생산될 수 있도록 연구소 자체 공장에 파일럿 라인을 만들어 샘플을 생산하였으면 합니다.

연구소 소장 : 성공 여부가 불투명한 신제품을 위한 파일럿 라인을 만들기는 어렵습니다.

기획팀 부장 : 조금이라도 신제품 개발을 위해 생산현장에서 무언가 협력할 방안은 없을까요?

마케팅 부장 : 고급 인스턴트커피의 생산이 가능한지를 먼저 알아본 후 한 단계씩 전진하면 어떨까요?

기획팀 부장 : 좋은 의견인 것 같습니다. 소장님은 어떻게 생각하십니까?

연구소 소장 : 커피 전문점 수준의 고급 인스턴트커피를 만들기 위해서는 최대한 커피 전문점이 만드는 커피와 비슷한 과정을 거쳐야 할 것 같습니다.

마케팅 부장 : 그렇습니다. 하지만 100% 커피전문점 원두커피를 만드는 것이 아닙니다. 전문점 커피를 100으로 봤을 때, 80 ~ 90% 정도 수준이면 됩니다.

연구소 소장 : 퀄리티는 높이고 일회용 스틱 형태의 제품인 믹스의 사용 편리성은 그대로 두자는 이야기죠?

마케팅 부장 : 그렇습니다. 우선 커피를 추출하는 장비가 필요합니다. 또한 액체인 커피를 봉지에 담지 못하니 동결건조방식을 활용해야 할 것 같습니다.

연구소 소장 : 보통 믹스커피는 하루 1t 분량의 커피를 만들 수 있는데, 이야기한 방법으로는 하루에 100kg도 못 만듭니다.

마케팅 부장 : 예, 잘 알겠습니다. 그 부분에 대해서는 조금 더 논의가 필요할 것 같습니다. 검토를 해보겠습니다.

---

① 전략적 사고
② 분석적 사고
③ 발상의 전환
④ 내·외부자원의 효과적 활용

15 다음 빈칸에 들어갈 말로 적절하지 않은 것은?

> 비판적 사고는 어떤 주제나 주장 등에 대해서 적극적으로 분석하고 종합하며 평가하는 능동적인 사고이다. 이러한 비판적 사고는 어떤 논증, 추론, 증거, 가치를 표현한 사례를 타당한 것으로 수용할 것인가 아니면 불합리한 것으로 거절할 것인가에 대한 결정을 내릴 때 요구되는 사고력이다. 비판적 사고를 개발하기 위해서는 _____과 같은 태도가 요구된다.

① 체계성
② 결단성
③ 예술성
④ 지적 호기심

16 다음 자료를 참고할 때, 〈보기〉에 제시된 주민등록번호 빈칸에 해당하는 숫자는?

> 우리나라에서 국민에게 발급하는 주민등록번호는 각각의 번호가 고유한 번호로, 13자리 숫자로 구성된다. 13자리 숫자는 생년, 월, 일, 성별, 출생신고지역, 접수번호, 검증번호로 구분된다.
>
>
>
> 여기서 13번째 숫자인 검증번호는 주민등록번호의 정확성 여부를 검사하는 번호로, 앞의 12자리 숫자를 이용해서 구해지는데 계산법은 다음과 같다.
> • 1단계 : 주민등록번호의 앞 12자리 숫자에 가중치 2, 3, 4, 5, 6, 7, 8, 9, 2, 3, 4, 5를 곱한다.
> • 2단계 : 가중치를 곱한 값의 합을 계산한다.
> • 3단계 : 가중치의 합을 11로 나눈 나머지를 구한다.
> • 4단계 : 11에서 나머지를 뺀 수를 10으로 나눈 나머지가 검증번호가 된다.

───── 〈보기〉 ─────
240202-803701( )

① 4
② 5
③ 6
④ 7

※ 다음은 낱말퍼즐 게임에 대한 설명이다. 이어지는 질문에 답하시오. **[17~18]**

〈낱말퍼즐 게임 규칙〉

1 B	2 M	3 A	4 J
5 P	6 Y	7 L	8 D
9 X	10 E	11 O	12 R
13 C	14 K	15 U	16 I

- 4×4 낱말퍼즐에는 위와 같이 각 조각당 숫자 1개와 알파벳 1개가 함께 적혀 있다.
- 게임을 하는 사람은 '가~다' 카드 3장 중 2장을 뽑아 카드에 적힌 규칙대로 조각끼리 자리를 바꿔 단어를 만든다.
- 카드는 '가', '나', '다' 각 1장이 있고, 뽑힌 각 1장의 카드로 낱말퍼즐 조각 2개를 다음과 같은 방식으로 1회 맞바꿀 수 있다.

구분	내용
가	낱말퍼즐 조각에 적힌 숫자가 소수인 조각끼리 자리 바꿈
나	낱말퍼즐 조각에 적힌 숫자를 5로 나눈 나머지가 같은 조각끼리 자리 바꿈
다	홀수가 적혀 있는 낱말퍼즐 조각끼리 자리 바꿈

- 카드 2장을 모두 사용할 필요는 없다.
- '단어'란 낱말퍼즐에서 같은 가로 혹은 세로 줄에 있는 4개의 문자를 가로는 왼쪽에서부터 세로는 위에서부터 차례대로 읽는 것을 의미한다.

17 규칙에 따라 게임을 진행할 때, 다음 〈보기〉 중 옳은 것을 모두 고르면?

─〈보기〉─

ㄱ. 카드 '가', '다'를 뽑았다면 'BEAR'라는 단어를 만들 수 있다.
ㄴ. 카드 '나', '다'를 뽑았다면 'MEAL'이라는 단어를 만들 수 있다.
ㄷ. 카드 '가', '나'를 뽑았다면 'COLD'라는 단어를 만들 수 있다.

① ㄱ   ② ㄴ

③ ㄱ, ㄷ   ④ ㄴ, ㄷ

18 사용 가능한 '가 ~ 다' 카드 중 '나, 다' 카드를 다음과 같이 교체하였다. 변경된 카드와 기존의 게임 규칙에 따라 게임을 진행할 때, 〈보기〉 중 옳지 않은 것을 모두 고르면?

〈교체 사항〉

구분	내용
가	낱말퍼즐 조각에 적힌 숫자가 소수인 조각끼리 자리 바꿈
나	낱말퍼즐 조각에 적힌 숫자를 5로 나눈 나머지가 같은 조각끼리 자리 바꿈
다	홀수가 적혀 있는 낱말퍼즐 조각끼리 자리 바꿈

↓

구분	내용
가	낱말퍼즐 조각에 적힌 숫자가 소수인 조각끼리 자리 바꿈
라	낱말퍼즐 조각에 적힌 숫자를 4로 나눈 나머지가 같은 조각끼리 자리 바꿈
마	낱말퍼즐 조각에 적힌 숫자를 더하여 15를 초과하는 낱말퍼즐 조각끼리 자리 바꿈

─〈보기〉─

ㄱ. 카드 '가', '라'를 뽑았다면 'PLAY'라는 단어를 만들 수 있다.
ㄴ. 카드 '가', '마'를 뽑았다면 'XERO'라는 단어를 만들 수 있다.
ㄷ. 카드 '라', '마'를 뽑았다면 'COLD'라는 단어를 만들 수 있다.

① ㄱ
② ㄷ
③ ㄱ, ㄴ
④ ㄱ, ㄷ

19 8명이 앉을 수 있는 원탁에 각 지역 대표가 참여하여 회의하고 있다. 각 지역 대표는 다음 〈조건〉에 따라 앉아있을 때, 경인 대표의 맞은편에 앉은 대표는 누구인가?

─────〈조건〉─────
- 서울, 부산, 대구, 광주, 대전, 경인, 춘천, 속초 대표가 참여하였다.
- 서울 대표는 12시 방향에 앉아 있다.
- 서울 대표의 오른쪽 두 번째는 대전 대표이다.
- 부산 대표는 경인 대표의 왼쪽에 앉는다.
- 대전 대표와 부산 대표 사이에는 광주 대표가 있다.
- 광주 대표와 대구 대표는 마주 보고 있다.
- 서울 대표와 대전 대표 사이에는 속초 대표가 있다.

① 대전 대표
② 부산 대표
③ 대구 대표
④ 속초 대표

20 H공단 직원 A ~ G 7명은 신입사원 입사 기념으로 단체로 영화관에 갔다. 다음 〈조건〉에 따라 자리에 앉는다고 할 때, 항상 옳은 것은?(단, 가장 왼쪽부터 첫 번째 자리로 한다)

─────〈조건〉─────
- 7명은 한 열에 나란히 앉는다.
- 한 열에는 7개의 좌석이 있다.
- 양 끝자리 옆에는 비상구가 있다.
- D와 F는 나란히 앉지 않는다.
- A와 B 사이에는 한 명이 앉아 있다.
- G는 왼쪽에 사람이 있는 것을 싫어한다.
- C와 G 사이에는 한 명이 앉아 있다.
- G는 비상구와 붙어 있는 자리를 좋아한다.

① E는 D와 F 사이에 앉는다.
② G와 가장 멀리 떨어진 자리에 앉는 사람은 D이다.
③ C의 양옆에는 A와 B가 앉는다.
④ D는 비상구와 붙어 있는 자리에 앉는다.

21 다음 중 H기업의 상황을 고려할 때, 경영활동과 활동의 사례가 바르게 연결되지 않은 것은?

〈상황〉

• H기업은 국내 자동차 제조업체이다.
• H기업은 최근 인도네시아의 자동차 판매업체와 계약을 하여, 내년부터 인도네시아로 차량을 수출할 계획이다.
• H기업은 중국의 자동차 부품 제조업체와 협력하고 있는데, 최근 중국 내 전염병 확산으로 현지 업체들의 가동률이 급락하였다.
• H기업에서 최근 내부 설문조사를 실시한 결과, 사내 유연근무제 도입을 희망하는 직원의 비율은 72%, 희망하지 않는 직원의 비율은 20%, 무응답은 8%였다.
• H기업의 1분기 생산라인 피드백 결과, 엔진 조립 공정에서 진행속도를 20% 개선할 경우, 생산성이 12% 증가하는 것으로 나타났다.

	경영활동	사례
①	외부경영활동	인도네시아 시장의 자동차 구매성향 파악
②	내부경영활동	인도네시아 현지 자동차 법규 및 제도 조사
③	내부경영활동	엔진 조립 공정 개선을 위한 공정 기술 연구개발
④	내부경영활동	생산라인에 부분적 탄력근무제 도입

22 다음 중 밑줄 친 ㉠과 같이 기업 내 직급·호칭 파괴 제도가 실패한 원인으로 적절하지 않은 것은?

지난해 5월 구인구직 매칭 플랫폼 S가 기업 962개를 대상으로 '기업 내 직급·호칭 파괴 제도'에 대해 조사한 결과, 응답한 기업의 65.4%가 효용성이 낮다고 보고 있었다. 실제로 제도를 운영하고 있는 기업(112개사)의 25%도 실효성에 대해서는 부정적이었다. 또한 도입하지 않은 기업(822개사)의 83.3%는 향후에도 도입 의사가 없었다. 지난해 '호칭 파괴 제도' 도입을 한 기업은 11.6%에 불과했고 도입을 하지 않거나, 도입을 해도 다시 직급 체계로 회귀한 기업은 88.3%에 달했다.
㉠ K사의 경우 지난 2018년 팀장급 아래 직급과 호칭을 '매니저'로 단일화했다가 5년여 만인 2023년에 다시 원상복귀시켰다. H그룹도 지난 2021년 '매니저'로 호칭을 통일했으나 2년 전 '부장', '차장' 등 전통적 호칭 체계로 돌아왔다. 배달 앱 B사 경우 사원·주임·선임·책임·수석 등 직급 호칭을 유지하고 있다. 효율적인 업무를 위한 조치이다. C사 등 일부 기업을 제외하면 직급 호칭 파괴를 임원 등 책임자 이하로 제한해 적용하는 것도 같은 맥락이다. 위의 설문조사에서는 도입하지 않는 이유 1위로 '호칭만으로 상명하복 조직문화 개선이 어려워서(37.3%, 복수응답)'가 꼽혔다. 이어 '불명확한 책임소재로 업무상 비효율적이어서 (30.3%)', '승진 등 직원들의 성취동기가 사라져서(15.6%)', '조직력을 발휘하는 데 걸림돌이 될 것 같아서 (13.4%)', '신속한 의사결정이 오히려 힘들어서(12.2%)' 등이 뒤를 이었다. 호칭이나 직급 변화로 효과를 얻기 위해선 업무 체계 재편도 동반되어야 한다는 목소리도 나온다.

---

① 승진을 하면 직원들의 기분이 좋아져 업무 효율이 증가한다.
② 무늬만 바뀐 채 실제적인 변화가 없다.
③ 호칭과 직급 체계가 변했지만 업무 체계가 달라지지 않으면서 조직문화 변화로 이어지지 않았다.
④ 책임자가 명확치 않아 업무 효율이 저해된다거나 다른 회사와 일할 때 호칭 문제로 업무 혼선이 빚어진다.

※ 다음과 같은 기관의 조직도와 부서별 수행 업무를 보고 이어지는 질문에 답하시오. [23~24]

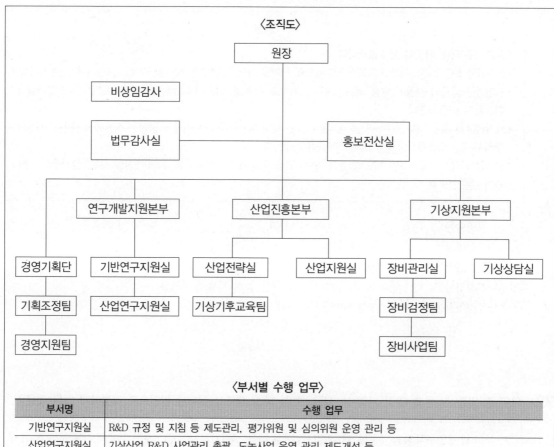

〈조직도〉

〈부서별 수행 업무〉

부서명	수행 업무
기반연구지원실	R&D 규정 및 지침 등 제도관리, 평가위원 및 심의위원 운영 관리 등
산업연구지원실	기상산업 R&D 사업관리 총괄, 도농사업 운영 관리 제도개선 등
산업전략실	날씨경영 지원사업, 기상산업 통계 관리 및 분석, 날씨경영우수기업 선정제도 운영 등
기상기후교육팀	교육사업 기획 및 사업비 관리, 기상산업 전문인력 양성사업, 교육 현장 관리 등
산업지원실	부서 중장기 기획 및 사업운영, 산업육상 사업 기획 및 운영, 개도국 기상기후 공적사업 운영, 국제협력 사업 운영 및 관리 등
장비검정팀	지상기상관측장비 유지보수 관리, 기상장비 실내검정, 비교 관측 및 개발·관리, 지역별 현장검정 및 유지보수 관리 등
장비사업팀	기상관측장비 구매·유지보수 관리, 기상관측선 및 해양기상기지 유지보수지원, 항공 업무보조 등
기상상담실	기상예보해설 및 상담업무 지원, 기상상담실 상담품질관리, 대국민 기상상담 등

23 다음은 이 기관에서 제공하고 있는 교육훈련과정 안내 중 일부 내용이다. 교육 내용과 가장 관련 높은 부서로 옳은 것은?

- 주요내용 : 기상산업 R&D 정책 및 사업화 추진 전략
- 교육대상 : 국가 R&D 지원 사업 종사자 및 참여 예정자 등
- 모집인원 : ○○명
- 교육일 수/시간 : 2일, 총16시간

일자	시간	교육 내용
1일차	09:00 ~ 09:50 10:00 ~ 13:50 14:00 ~ 17:50	• 기상산업 R&D 정책 및 추진현황 • R&D 기술수요조사 활용 전략 • R&D 사업 제안서 작성
2일차	09:00 ~ 11:50 13:00 ~ 17:50	• R&D 지식재산권 확보, 활용 전략 • R&D 성과 사업화 추진 전략

① 기상기후교육팀　　　　　　② 기반연구지원실
③ 기상상담실　　　　　　　　④ 산업연구지원실

24 다음은 이 기관의 입찰공고 중 일부 내용이다. 공고문과 가장 관련 높은 부서로 옳은 것은?

1. 입찰에 부치는 사항

구 매 관 리 번 호 : 12162-0194-00
수 요 기 관 : H기관
계 약 방 법 : 제한경쟁(총액)
품　　　　명 : 기타수리서비스
수 량 및 단 위 : 1식
인 도 조 건 : 과업내역에 따름
분 할 납 품 : 가능
입 찰 방 법 : 제한(총액) / 협상에 의한 계약
납 품 기 한 : 2024.07.31.
추 정 가 격 : 36,363,636원(부가세 별도)
입 찰 건 명 : 항만기상관측장비 유지보수·관리 용역
입 찰 방 식 : 전자입찰
※ 가격개찰은 수요기관의 제안서 평가 후 진행합니다.
----

① 장비검정팀　　　　　　　　② 산업전략실
③ 산업지원실　　　　　　　　④ 장비사업팀

25 다음은 H가구(주)의 시장 조사 결과 보고서이다. 회사가 마련해야 할 마케팅 전략으로 적절한 것을 〈보기〉에서 모두 고르면?

- 조사 기간 : 2024. 12. 11. ~ 2024. 12. 21.
- 조사 품목 : 돌침대
- 조사 대상 : 주부 1,000명
- 조사 결과
    - 소비자의 건강에 대한 관심 증대
    - 소비자는 가격보다 제품의 기능을 우선적으로 고려
    - 취급 점포가 너무 많아서 점포 관리가 체계적이지 못함
    - 자사 제품의 가격이 낮아서 품질도 떨어지는 것으로 인식됨

〈보기〉

ㄱ. 유통 경로를 늘린다.
ㄴ. 고급화 전략을 추진한다.
ㄷ. 박리다매 전략을 이용한다.
ㄹ. 전속적 또는 선택적 유통 전략을 도입한다.

① ㄱ, ㄴ   ② ㄱ, ㄷ
③ ㄴ, ㄷ   ④ ㄴ, ㄹ

26 C사원은 베트남에서의 국내 자동차 판매량에 대해 조사를 하던 중에 한 가지 특징을 발견했다. 베트남 사람들은 간접적인 방법을 통해 구매하는 것보다 매장에 직접 방문해 구매하는 것을 더 선호한다는 사실이다. 이를 참고하여 C사원이 기획한 신사업 전략으로 옳지 않은 것은?

① 인터넷과 TV 광고 등 비대면채널 홍보를 활성화한다.
② 쾌적하고 깔끔한 매장 환경을 조성한다.
③ 언제 손님이 방문할지 모르므로 매장에 항상 영업사원을 배치한다.
④ 매장 곳곳에 홍보물을 많이 비치해둔다.

27 김부장과 박대리는 H공단의 고객지원실에서 근무하고 있다. 다음 상황에서 김부장이 박대리에게 지시할 사항으로 가장 적절한 것은?

- 부서별 업무분장
  - 인사혁신실 : 신규 채용, 부서/직무별 교육계획 수립/시행, 인사고과 등
  - 기획조정실 : 조직문화 개선, 예산사용계획 수립/시행, 대외협력, 법률지원 등
  - 총무지원실 : 사무실, 사무기기, 차량 등 업무지원 등

〈상황〉

박대리 : 고객지원실에서 사용하는 A4 용지와 볼펜이 부족해서 비품을 신청해야 할 것 같습니다. 그리고 지난번에 말씀하셨던 고객 상담 관련 사내 교육 일정이 이번에 확정되었다고 합니다. 고객지원실 직원들에게 관련 사항을 전달하려면 교육 일정 확인이 필요할 것 같습니다.

---

① 인사혁신실에 전화해서 비품 신청하고, 전화한 김에 교육 일정도 확인해서 나한테 알려 줘요.

② 총무지원실에 가서 교육 일정 확인하고, 간 김에 비품 신청도 하고 오세요.

③ 기획조정실에 가서 교육 일정 확인하고, 인사혁신실에 가서 비품 신청하고 오도록 해요.

④ 총무지원실에 전화해서 비품 신청하고, 인사혁신실에서 교육 일정 확인해서 나한테 알려 줘요.

28 경영활동을 이루는 구성요소를 고려할 때, 다음 〈보기〉 중 경영활동으로 옳지 않은 것은?

〈보기〉

(가) 다음 시즌 우승을 목표로 해외 전지훈련에 참여하여 열심히 구슬땀을 흘리고 있는 선수단과 이를 운영하는 구단 직원들

(나) 자발적인 참여로 뜻을 같이한 동료들과 함께 어려운 이웃을 찾아다니며 봉사활동을 펼치고 있는 S씨

(다) 교육지원대대장으로서 사병들의 교육이 원활히 진행될 수 있도록 훈련장 관리와 유지에 최선을 다하고 있는 W대령과 참모진

(라) 영화 촬영을 앞두고 시나리오와 제작 콘셉트를 회의하기 위해 모인 감독 및 스태프와 출연 배우들

---

① (가) ② (나)

③ (다) ④ (라)

29 다음 H기업의 회의록을 보고 알 수 있는 것은?

<회의록>

회의일시	2024년 12월 12일	부서	생산팀, 연구팀, 마케팅팀	작성자	홍길동
참석자	생산팀 팀장·차장, 연구팀 팀장·차장, 마케팅팀 팀장·차장				
회의안건	제품에서 악취가 난다는 고객 불만에 따른 원인 조사 및 대책 방안				
회의내용	주문폭주로 인한 물량증가로 잉크가 덜 마른 포장상자를 사용해 냄새가 제품에 스며든 것으로 추측				
결정사항	[생산팀] 내부 비닐 포장, 외부 종이상자 포장이었던 기존방식에서 내부 2중 비닐포장, 외부 종이상자 포장으로 교체 [마케팅팀] 1. 주문 물량이 급격히 증가했던 일주일 동안 생산된 제품 전격 회수 2. 제품을 공급한 매장에 사과문 발송 및 100% 환불·보상 공지 [연구팀] 포장재질 및 인쇄된 잉크의 유해성분 조사				

① 이 조직은 6명으로 이루어져 있다.

② 회의 참석자는 총 3명이다.

③ 연구팀에서 제품을 전격 회수해 포장재질 및 인쇄된 잉크의 유해성분을 조사하기로 했다.

④ 주문량이 많아 잉크가 덜 마른 포장상자를 사용한 것이 문제 발생의 원인으로 추측된다.

30 다음 사례의 쟁점과 협상전략이 바르게 연결된 것은?

대기업 영업부장인 김봉구 씨는 기존 재고를 처리할 목적으로 업체 W사와 협상 중이다. 그러나 W사는 자금 부족을 이유로 이를 거절하고 있다. 하지만 김봉구 씨는 자신의 회사에서 물품을 제공하지 않으면 W사가 매우 곤란한 지경에 빠진다는 사실을 알고 있다. 그래서 김봉구 씨는 앞으로 W사와 거래하지 않을 것이라는 엄포를 놓았다.

① 자금 부족 – 협력전략

② 재고 처리 – 갈등전략

③ 재고 처리 – 경쟁전략(강압전략)

④ 정보 부족 – 양보전략(유화전략)

31 현재 판매량을 제외한 판매 금액이 10,000원 이상인 것들만 모아서 따로 합계를 내려고 할 때, 사용할 수 있는 함수식으로 옳은 것은?

	A	B	C	D	E	F	G
1							
2		표1					표2	
3	제품	판매량	단가	금액		물품	금액
4	샴푸	6	10,000	30,000		샴푸	
5	린스	7	10,000	30,000		린스	300,000
6	비누	3	2,000	5,000		비누	90,000
7	바디워시	9	10,000	20,000		바디워시	320,000
8	비누	5	5,000	15,000			
9	린스	9	5,000	10,000			
10	샴푸	30	2,000	5,000			
11	바디워시	14	5,000	10,000			
12	면도크림	4	10,000	20,000			
13	면도기	9	20,000	40,000			
14							

① =SUM(C4:D13, ">=10,000")

② =SUM(D4:D13, ">=10,000")

③ =SUMIF(D4:D13, ">=10,000")

④ =SUMIFS(D4:D13, "=10,000")

32 다음 중 빈칸 (가) ~ (다)에 들어갈 말을 순서대로 바르게 나열한 것은?

(가) ▶	객관적 실제의 반영이며, 그것을 전달할 수 있도록 기호화한 것	▶	• 고객의 주소, 성별, 이름, 나이, 스마트폰 기종 등
(나) ▶	(가)를 특정한 목적과 문제해결에 도움이 되도록 가공한 것	▶	• 중년층의 스마트폰 기종 • 중년층의 스마트폰 활용 횟수
(다) ▶	(나)를 집적하고 체계화하여 장래의 일반적인 사항에 대비해 보편성을 갖도록 한 것	▶	• 스마트폰 디자인에 대한 중년층의 취향 • 중년층을 주요 타깃으로 신종 스마트폰 개발

	(가)	(나)	(다)
①	자료	지식	정보
②	정보	자료	지식
③	지식	자료	정보
④	자료	정보	지식

33 다음 워크시트에서 '박지성'의 결석 값을 찾기 위한 함수식은?

◢	A	B	C	D
1	성적표			
2	이름	중간	기말	결석
3	김남일	86	90	4
4	이천수	70	80	2
5	박지성	95	85	5

① =VLOOKUP("박지성",$A$3:$D$5,4,1)

② =VLOOKUP("박지성",$A$3:$D$5,4,0)

③ =HLOOKUP("박지성",$A$3:$D$5,4,0)

④ =HLOOKUP("박지성",$A$3:$D$5,4,1)

34 다음 시트에서 [E2] 셀에 「=DCOUNT(A1:C9,2,A12:B14)」 함수를 입력했을 때 결괏값으로 옳은 것은?

◢	A	B	C	D	E
1	부서	성명	나이		결괏값
2	영업부	이합격	28		
3	인사부	최시대	29		
4	총무부	한행복	33		
5	영업부	김사랑	42		
6	영업부	오지현	36		
7	인사부	이수미	38		
8	총무부	이지선	37		
9	총무부	한기수	25		
10					
11					
12	부서	나이			
13	영업부				
14		>30			

① 0

② 2

③ 3

④ 6

35 다음 〈보기〉 중 한글의 표시기능에 대한 설명으로 옳은 것을 모두 고르면?

---〈보기〉---

(가) 장평은 문자와 문자 사이의 간격을 의미하며, 장평 조절을 통해 가독성을 높일 수 있다.

(나) 상태표시줄에 표시되는 정보로는 현재 쪽, 단 정보, 현재 쪽 내에서의 커서 위치, 삽입 / 수정 상태를 볼 수 있다.

(다) 문서 작성 시 스크롤바를 이용하여 화면을 상·하로 이동할 수 있으나, 좌·우로는 이동할 수 없다.

(라) 조판 부호는 표나 글상자, 그림, 머리말 등을 기호화하여 표시하는 숨은 문자를 말한다.

① (가), (나)

② (나), (다)

③ (나), (라)

④ (다), (라)

36 다음 대화에서 S사원이 답변할 내용으로 적절하지 않은 것은?

P과장 : 자네, 마우스도 거의 만지지 않고 Windows를 사용하다니 신기하군. 방금 바탕화면에 있는 창들이 모두 사라졌는데 어떤 단축키를 눌렀나?

S사원 : 네, 과장님. 〈Windows〉와 〈D〉를 함께 누르면 바탕화면에 펼쳐진 모든 창이 최소화됩니다. 이렇게 주요한 단축키를 알아두면 업무에 많은 도움이 됩니다.

P과장 : 그렇군. 나도 자네에게 몇 가지를 배워서 활용해 봐야겠어.

S사원 : 우선 자주 사용하는 단축키를 알려드리겠습니다. 첫 번째로 _____

① 〈Windows〉+〈E〉를 누르면 Windows 탐색기를 열 수 있습니다.

② 〈Windows〉+〈Home〉을 누르면 현재 보고 있는 창을 제외한 나머지 창들이 최소화됩니다.

③ 잠시 자리를 비울 때 〈Windows〉+〈L〉을 누르면 잠금화면으로 전환할 수 있습니다.

④ 〈Alt〉+〈W〉를 누르면 현재 사용하고 있는 창을 닫을 수 있습니다.

37 다음 중 데이터 유효성 검사에 대한 설명으로 옳지 않은 것은?

① 목록의 값들을 미리 지정하여 데이터 입력을 제한할 수 있다.

② 입력할 수 있는 정수의 범위를 제한할 수 있다.

③ 유효성 조건 변경 시 변경 내용을 범위로 지정된 모든 셀에 적용할 수 있다.

④ 목록으로 값을 제한하는 경우 드롭다운 목록의 너비를 지정할 수 있다.

38 다음 중 [A1:A2] 영역을 선택한 후 채우기 핸들을 아래쪽으로 드래그했을 때, [A5] 셀에 입력될 값으로 옳은 것은?

A1	▼	f_x	월요일			
	A	B	C	D	D	E
1	월요일					
2	수요일					
3						
4						
5						

① 월요일

② 화요일

③ 수요일

④ 목요일

39 다음 시트에서 [A7] 셀에 「=$A$1+$A2」를 입력한 후 [A7] 셀을 복사하여 [C8] 셀에 붙여넣기 했을 때, [C8] 셀에 표시되는 결괏값으로 옳은 것은?

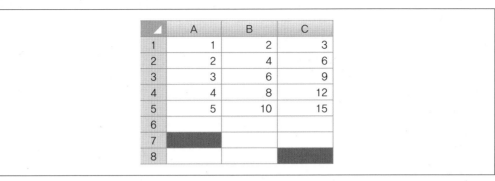

① 1

② 3

③ 4

④ 10

40 다음 워크시트를 참조하여 작성한 수식 「=INDEX(A3:E9,MATCH(SMALL(B3:B9,2),B3:B9,0),5)」의 결괏값으로 옳은 것은?

	A	B	C	D	E
1				(단위 : 개, 원)	
2	상품명	판매수량	단가	판매금액	원산지
3	참외	5	2,000	10,000	대구
4	바나나	12	1,000	12,000	서울
5	감	10	1,500	15,000	부산
6	포도	7	3,000	21,000	대전
7	사과	20	800	16,000	광주
8	오렌지	9	1,200	10,800	전주
9	수박	8	10,000	80,000	춘천

① 21,000

② 광주

③ 15,000

④ 대전

H기업에서는 매년 인사평가로 팀 평가를 실시한다. 홍보팀의 박채은 팀장은 자신의 팀원 김진주, 박한열, 최성우, 정민우 사원에 대해 25점 만점 기준으로 평가 점수를 부여하였다. 네 사람의 평가 점수는 다음과 같다.
- 김진주의 점수는 22점이다.
- 최성우와 정민우의 점수의 합은 김진주의 점수와 같다.
- 박한열은 김진주보다 5점이 적다.
- 김진주와 박한열의 점수 차보다 최성우와 정민우의 점수 차가 1점 더 많다.
- 네 명의 점수 합은 61점이다.

41 다음 중 윗글을 토대로 추론할 때, 김진주와 정민우의 점수의 합은 얼마인가?

① 30점
② 33점
③ 35점
④ 37점

42 팀원들의 점수를 도출한 뒤 값이 맞는지 확인하기 위해 다음과 같은 검산 과정을 거쳤다. 이때 사용한 검산법은 무엇인가?

'(김진주의 점수)+(박한열의 점수)+(최성우의 점수)+(정민우의 점수)=61'로 계산식을 만들었을 때, 좌변에 제시된 수들을 9로 나눈 나머지와 우변에 제시된 수들을 9로 나눈 나머지가 같은지 확인해 봐야겠군.

① 역연산
② 단위환산
③ 구거법
④ 사칙연산

※ 다음은 H기업의 직원 평균 보수 현황이다. 이어지는 질문에 답하시오. [43~44]

〈H기업의 직원 평균 보수 현황〉

(단위 : 천 원, 명, 월)

구분	2019년 결산	2020년 결산	2021년 결산	2022년 결산	2023년 결산	2024년 결산
월 급여 (A+B+C+D+E+F)	71,740	74,182	73,499	70,575	71,386	69,663
(A) 기본급	53,197	53,694	53,881	53,006	53,596	53,603
(B) 고정수당	859	824	760	696	776	789
(C) 실적수당	6,620	7,575	7,216	5,777	5,712	6,459
(D) 급여성 복리후생비	866	963	967	1,094	1,118	1,291
(E) 경영평가 성과급	1,508	1,828	1,638	1,462	1,566	0
(F) 기타 성과상여금	8,690	9,298	9,037	8,540	8,618	7,521
1인당 평균 보수액	70,232	72,354	71,861	69,113	69,821	69,665
1인당 남성 보수액	0	0	79,351	76,332	77,142	69,665
1인당 여성 보수액	0	0	56,802	55,671	57,250	69,665
전체 종업원 수	505.66	500.13	522.06	554.40	560.92	580.00
남성 종업원 수	0	0	348.66	360.67	354.49	367.00
여성 종업원 수	0	0	173.40	193.73	206.43	213.00
평균 근속연수	205.32	202.68	196.08	191.76	189.95	188.80
남성 근속연수	0	0	220.68	221.64	224.72	230.67
여성 근속연수	0	0	135.72	139.32	132.55	143.32

※ 경영평가 성과급의 경우 당해 연도 예산은 경영평가 결과 미확정으로, 0으로 기재한다.
※ 현재는 2025년 1월이다.

43 다음 중 자료에 대한 설명으로 옳은 것은?

① 기본급은 2019년 이후 지속적으로 증가하고 있다.

② 1인당 평균 보수액은 매년 남성 종업원이 여성 종업원보다 높다.

③ 전체 종업원 수는 2019년 이후 지속적으로 늘고 있으며, 2024년 기준 여성 종업원의 비율은 아직까지 32%가 넘지 않는다.

④ 평균 근속연수가 2019년 이후 지속적으로 감소하고 있으며, 남성 종업원이 여성 종업원보다 재직기간이 긴 편이다.

44 월 급여에서 A ~ F항목이 각각 차지하는 구성비를 나타내는 차트를 작성하려고 한다. 이때, 가장 적절한 그래프는 무엇인가?

① 방사형 그래프 ② 원 그래프
③ 막대 그래프 ④ 선 그래프

주어진 도표를 이용해 십자말풀이를 완성할 때, ㉠+㉡−ⓐ×ⓑ는?(단, 소수점 첫째 자리에서 반올림한다)

〈학과별 취업률〉

(단위 : 명, %)

구분	경제	경영	행정	무용	패션디자인	컴퓨터	기계
졸업자	7,200	28,000	8,695	1,025	1,501	8,478	8,155
취업률	57.0	58.8	46.9	30	47	61.7	71.7

[가로]
1. 취업률이 세 번째로 높은 학과의 졸업자 수와 졸업자가 두 번째로 적은 학과의 미취업률의 합은?

[세로]
2. 경제학과의 미취업자 수는?
3. 기계학과의 취업자 수와 무용학과의 미취업자 수의 차는?
4. 행정학과의 졸업자 수와 컴퓨터학과의 취업자 수의 합에서 행정학과의 미취업률을 뺀 값은?

① 30
② 10
③ −30
④ −10

다음은 A∼E 5개국의 경제 및 사회 지표 자료이다. 이에 대한 설명으로 옳지 않은 것은?

〈주요 5개국의 경제 및 사회 지표〉

구분	1인당 GDP(달러)	경제성장률(%)	수출(백만 달러)	수입(백만 달러)	총인구(백만 명)
A	27,214	2.6	526,757	436,499	50.6
B	32,477	0.5	624,787	648,315	126.6
C	55,837	2.4	1,504,580	2,315,300	321.8
D	25,832	3.2	277,423	304,315	46.1
E	56,328	2.3	188,445	208,414	24.0

※ (총 GDP)=(1인당 GDP)×(총인구)

① 경제성장률이 가장 큰 나라가 총 GDP는 가장 작다.
② 1인당 GDP에 따른 순위와 총 GDP에 따른 순위는 서로 일치한다.
③ 5개국 중 수출과 수입에 있어서 규모에 따라 나열한 순위는 서로 일치한다.
④ A국이 E국보다 총 GDP가 더 크다.

47 다음은 기술개발 투자 및 성과에 대한 자료이다. 일본의 GDP 총액을 산출하면 얼마인가?(단, 소수점 이하는 버림한다)

〈기술개발 투자 및 성과〉

구분	한국	미국	일본
R&D 투자 총액(억 달러)	313	3,688	1,508
매율	1.0	11.78	4.82
GDP 대비(%)	3.37	2.68	3.44
(기술수출액)÷(기술도입액)	0.45	1.70	3.71

※ GDP 대비 : GDP 총액 대비 R&D 투자 총액의 비율

① 26,906억 달러　　　　　　　　　② 37,208억 달러
③ 39,047억 달러　　　　　　　　　④ 43,837억 달러

48 H공단에서 100명의 직원을 대상으로 영업 업무로 인해 2명씩 한 팀으로 조를 편성하려 한다. 단, 둘 중 적어도 한 명은 운전할 수 있어야 한다. 100명 중 남성이 40명이고, 운전 가능한 사람은 60명이며, 여성 중 40%는 운전을 할 수 있다고 한다. 여성으로만 이루어진 팀의 수를 최소화하여 조를 편성했다면, 여성으로만 이루어진 팀의 수는?

① 10팀　　　　　　　　　　　　　② 11팀
③ 12팀　　　　　　　　　　　　　④ 13팀

49 다음은 계절별 강수량 추이에 대한 자료이다. 이를 이해한 내용으로 옳은 것은?

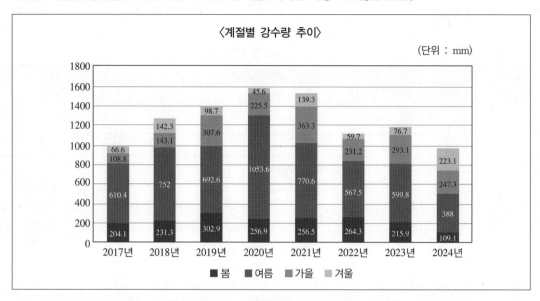

① 2017년부터 2024년까지 가을철 평균 강수량은 210mm 미만이다.

② 여름철 강수량이 두 번째로 높았던 해의 가을·겨울철 강수량의 합은 봄철 강수량의 2배 이상이다.

③ 강수량이 제일 낮은 해에 우리나라는 가뭄이었다.

④ 전년 대비 강수량의 변화가 가장 큰 해는 2022년이다.

50 다음은 A국과 B국의 골키퍼, 수비(중앙 수비, 측면 수비), 미드필드, 공격(중앙 공격, 측면 공격) 능력을 각 영역별로 평가한 결과이다. 이에 대한 설명으로 옳지 않은 것은?(단, 원 중심에서 멀어질수록 점수가 높아진다)

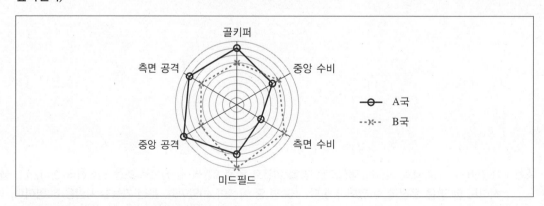

① A국은 공격보다 수비에 약점이 있다.

② B국은 미드필드보다 수비에서의 능력이 뛰어나다.

③ A국과 B국은 측면 수비 능력에서 가장 큰 차이가 난다.

④ A국과 B국 사이에 가장 작은 차이를 보이는 영역은 중앙 수비이다.

현재 나의 실력을 객관적으로 파악해 보자!

모바일 OMR
답안채점 / 성적분석 서비스

도서에 수록된 모의고사에 대한 객관적인 결과(정답률, 순위)를 종합적으로 분석하여 제공합니다.

OMR 입력

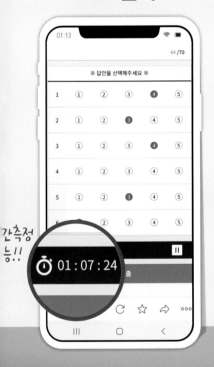

간측정 능!!

성적분석

채점결과

※OMR 답안채점 / 성적분석 서비스는 등록 후 30일간 사용 가능합니다.

| 도서 내 모의고사 우측 상단에 위치한 QR코드 찍기 | → | 로그인 하기 | → | '시작하기' 클릭 | → | '응시하기' 클릭 | → | 나의 답안을 모바일 OMR 카드에 입력 | → | '성적분석 & 채점결과' 클릭 | → | 현재 내 실력 확인하기 |

시대에듀

공기업 취업을 위한 NCS
직업기초능력평가 시리즈

2025
최신판

사이다 기출응용
모의고사 시리즈

판매량
1위
YES24 해양환경공단

사일 동안
이것만 풀면
다 합격!

해양환경공단
NCS
4회분 | 정답 및 해설

모바일 OMR
답안채점 / 성적분석
서비스
—
NCS
핵심이론 및
대표유형 PDF
—
[합격시대]
온라인 모의고사
무료쿠폰
—
무료
NCS
특강

SDC
SDC는 시대에듀 데이터 센터의 약자로 약 30만 개의 NCS · 적성 문제
데이터를 바탕으로 최신 출제경향을 반영하여 문제를 출제합니다.

편저 | SDC(Sidae Data Center)

시대에듀

기출응용 모의고사
정답 및 해설

1일 차 기출응용 모의고사 정답 및 해설

01	02	03	04	05	06	07	08	09	10
③	③	④	②	③	③	②	④	③	④
11	12	13	14	15	16	17	18	19	20
④	②	③	②	④	②	③	④	③	②
21	22	23	24	25	26	27	28	29	30
①	③	①	②	④	①	④	④	②	①
31	32	33	34	35	36	37	38	39	40
③	②	③	④	④	④	②	②	②	④
41	42	43	44	45	46	47	48	49	50
④	④	④	①	④	②	①	②	③	②

01 정답 ③

제시된 기사에서 '열린 혁신'은 '기관 자체의 역량뿐 아니라 외부의 아이디어를 받아들이고 결합함으로써, 당면한 문제를 해결하고 사회적 가치를 창출하는 일련의 활동'이라고 설명하였으므로, C사원의 의견은 적절하지 않다.

오답분석
① 열린 혁신의 세 번째 선행조건에 명시되어 있다.
② 열린 혁신의 첫 번째 선행조건에 의거해 수요자의 입장에서 사업을 바라보는 것이다.
④ 열린 혁신의 두 번째 선행조건에 명시되어 있다.

02 정답 ③

언쟁하기는 단지 논쟁을 위해서 상대방의 말을 듣는 것으로, 상대방이 무슨 주제를 꺼내든지 설명하는 것을 무시하고 자신의 생각만을 늘어놓는다. 하지만 C사원은 H사원과 언쟁을 하려 한다기보다는 H사원에 귀를 기울이며 동의하고 있다. 또한 H사원이 앞으로 취할 수 있는 적절한 행동에 대해 자신의 생각을 조언하고 있다.

오답분석
① 짐작하기 : 상대방의 말을 듣고 받아들이기보다 자신의 생각에 들어맞는 단서들을 찾아 자신의 생각을 확인하는 것으로, A사원의 경우 H사원의 말을 듣고 받아들이기보다는 L부장이 매일매일 체크한다는 것을 단서로 보아 H사원에게 문제점이 있다고 보고 있다.

② 판단하기 : 상대방에 대한 부정적인 선입견 때문에, 또는 상대방을 비판하기 위해 상대방의 말을 듣지 않는 것을 말한다. B사원은 H사원이 예민하다는 선입견 때문에 L부장의 행동보다 H사원의 행동을 문제시하고 있다.
④ 슬쩍 넘어가기 : 대화가 너무 사적이거나 위협적이면 주제를 바꾸거나 농담으로 넘기려 하는 것으로, 문제를 회피하려 해 상대방의 진정한 고민을 놓치는 것을 말한다. D사원의 경우 H사원의 부정적인 감정을 회피하기 위해 다른 주제로 대화 방향을 바꾸고 있다.

03 정답 ④

마지막 문단에 따르면 모든 동물이나 식물종을 보존할 수 없는 것과 같이 언어 소멸 역시 막기 어려운 측면이 있으며, 그럼에도 불구하고 이를 그저 바라만 볼 수는 없다고 하였다. 즉, 언어 소멸 방지의 어려움을 동물이나 식물종을 완전히 보존하기 어려운 것에 비유한 것이지, 언어 소멸 자체가 자연스럽고 필연적인 현상인 것은 아니다.

오답분석
① 첫 번째 문단에 따르면 전 세계적으로 3,000개의 언어가 소멸해 가고 있으며, 이 중에서 약 600개의 언어는 사용자 수가 10만 명을 넘으므로 비교적 안전한 상태이다. 따라서 나머지 약 2,400개의 언어는 사용자 수가 10만 명이 넘지 않는다고 추측할 수 있다.
② 두 번째 문단의 마지막 문장에 의해, 히브리어는 지속적으로 공식어로 사용할 의지에 따라 부활한 언어임을 알 수 있다.
③ 마지막 문단의 '가령, 어떤 ~ 초래할 수도 있다.'를 통해 알 수 있다.

04 정답 ②

제시문은 음악을 쉽게 복제할 수 있는 환경이 되었으며 이를 비판하는 시각이 등장했음을 소개하고, 비판적 시각에 대한 반박을 하면서 미래에 대한 기대를 나타내는 내용의 글이다. 따라서 (다) 음악을 쉽게 변모시킬 수 있게 된 환경 → (가) 음악 복제에 대한 비판적인 시선의 등장 → (라) 이를 반박하는 복제품 음악의 의의 → (나) 복제품으로 새롭게 등장한 전통에 대한 기대 순서로 나열되어야 한다.

05

정답 ③

오래된 물건은 실용성으로 따질 수 없는 가치를 지니고 있지만, 그 가치가 보편성을 지닌 것은 아니다. 사람들의 손때가 묻은 오래된 물건들은 보편적이라기보다는 개별적이고 특수한 가치를 지니고 있다고 할 수 있다.

06

정답 ③

도킨스에 따르면 인간 개체는 유전자라는 진정한 주체의 매체에 지나지 않게 된다. 이러한 생각에는 살아가고 있는 구체적 생명체를 경시하게 되는 논리가 잠재되어 있다. 따라서 무엇이 진정한 주체인가에 대한 물음이 필자의 문제 제기로 적절하다.

07

정답 ②

제시문은 화성의 운하를 사례로 들어 과학적 진실이란 무엇인지를 설명하고 있다. 존재하지 않는 화성의 운하 사례를 들어 사회적인 영향 때문에 오류를 사실로 착각해 진실을 왜곡하는 경우가 있음을 소개함으로써 사실을 추구해야 하는 과학자들에게는 객관적인 증거와 연구 태도가 필요함을 강조하였다.

08

정답 ④

'-데'는 경험한 지난 일을 돌이켜 말할 때 쓰는, 곧 회상을 나타내는 종결어미이다. 반면에 '-대'는 '다(고)해'의 준말로, 화자가 문장 속의 주어를 포함한 다른 사람으로부터 들은 이야기를 청자에게 간접적으로 전달하는 의미를 갖고 있다. 따라서 ④는 영희에게 들은 말을 청자에게 전달하는 의미로 쓰였으므로 '맛있대'가 되어야 한다.

09

정답 ③

제시문에 따르면 인류는 오른손을 선호하는 반면 왼손을 선호하지 않는 경향이 있다. '기시감'은 처음 보는 인물이나 처음 겪는 일을 어디서 보았거나 겪었던 것처럼 느끼는 것을 말하므로 '기시감'으로 수정하는 것은 적절하지 않다.

오답분석
① '선호하다'에 이미 '다른 요소들보다 더 좋아하다.'라는 의미가 있으므로 '더'를 함께 사용하는 것은 의미상 중복이다. 따라서 '선호하는' 또는 '더 좋아하는'으로 수정해야 한다.
② '-ㄹ뿐더러'는 하나의 어미이므로 앞말에 붙여 쓴다.
④ 제시문은 인류가 오른손을 선호하고 왼손을 선호하지 않는 이유에 대한 글이다. 따라서 ㉣과 같이 왼손잡이를 선호하는 사회가 발견된다면 새로운 이론이 등장할 것이라는 내용이 글의 중간에 등장하는 것은 일관성을 해칠 뿐만 아니라, ㉣의 '이러한 논란'이 가리키는 바도 제시문에 존재하지 않는다.

10

정답 ④

제시문에서는 물이 기체, 액체, 고체로 변화하는 과정을 통해 지구 내 '물의 순환' 현상을 설명하고 있다. 따라서 내용 전개 방식으로 ④가 가장 적절하다.

11

정답 ④

- A : 기본 점수 80점에 오탈자 33건이므로 5점 감점, 전체 글자 수 654자이므로 3점 추가, A등급 2개와 C등급 1개이므로 15점 추가하여 총 80−5+3+15=93점이다.
- B : 기본 점수 80점에 오탈자 7건이므로 0점 감점, 전체 글자 수 476자이므로 0점 추가, B등급 3개이므로 5점 추가하여 총 80+5=85점이다.
- C : 기본 점수 80점에 오탈자 28건이므로 4점 감점, 전체 글자 수 332자이므로 10점 감점, B등급 2개와 C등급 1개이므로 0점 추가하여 총 80−4−10=66점이다.
- D : 기본 점수 80점에 오탈자 12건이므로 1점 감점, 전체 글자 수가 786자이므로 8점 추가, A등급 1개와 B등급 1개와 C등급 1개이므로 10점 추가하여 총 80−1+8+10=97점이다.
따라서 점수가 가장 높은 학생은 D이다.

12

정답 ②

의사의 왼쪽 자리에 앉은 사람이 검은색 원피스를 입었고 여자이므로, 의사가 여자인 경우와 남자인 경우로 나눌 수 있다.
- **의사가 여자인 경우**
  검은색 원피스를 입은 여자가 교사가 아닌 경우와 교사인 경우로 나눌 수 있다.
  ⅰ) 검은색 원피스를 입은 여자가 교사가 아닌 경우
  의사가 밤색 티셔츠를 입고, 반대편에 앉은 남자가 교사가 되며, 그 옆의 남자가 변호사이고 하얀색 니트를 입는다. 그러면 검은색 원피스를 입은 여자가 자영업자가 되어야 하는데, 5번째 조건에 따르면 자영업자는 남자이므로 주어진 조건에 어긋난다.
  ⅱ) 검은색 원피스를 입은 여자가 교사인 경우
  건너편에 앉은 남자는 밤색 티셔츠를 입었고 자영업자이며, 그 옆의 남자는 변호사이고 하얀색 니트를 입는다. 이 경우 의사인 여자는 남성용인 파란색 재킷을 입어야 하므로 주어진 조건에 어긋난다.
- **의사가 남자인 경우**
  검은색 원피스를 입은 여자가 교사가 아닌 경우와 교사인 경우로 나눌 수 있다.
  ⅰ) 검은색 원피스를 입은 여자가 교사가 아닌 경우
  검은색 원피스를 입은 여자가 아닌 또 다른 여자가 교사이고, 그 옆에 앉은 남자는 자영업자이다. 이 경우 검은색 원피스를 입은 여자가 변호사가 되는데, 4번째 조건에 따르면 변호사는 하얀색 니트를 입어야 하므로 주어진 조건에 어긋난다.

ii) 검은색 원피스를 입은 여자가 교사인 경우

검은색 원피스를 입은 여자의 맞은편에 앉은 남자는 자영업자이고 밤색 니트를 입으며, 그 옆에 앉은 여자는 변호사이고 하얀색 니트를 입는다. 따라서 의사인 남자는 파란색 재킷을 입고, 모든 조건이 충족된다.

따라서 모든 조건을 충족할 때 의사는 파란색 재킷을 입는다.

13 　　　　　　　　　　　　　　정답 ③

- 발생형 문제란 눈에 보이는 이미 일어난 문제로, 당장 걱정하고 해결하기 위해 고민해야 하는 문제를 의미한다. 따라서 ㄴ은 신약의 임상시험으로 인해 임상시험자의 다수가 부작용을 보여 신약 개발이 전면 중단된 것이므로 이미 일어난 문제에 해당한다.
- 탐색형 문제란 눈에 보이지 않는 문제로, 이를 방치하면 뒤에 큰 손실이 따르거나 결국 해결할 수 없는 문제로 확대되게 된다. 따라서 지금 현재는 문제가 아니지만 계속해서 현재 상태로 진행할 경우를 가정하고 앞으로 일어날 수 있는 문제로 인식하여야 한다. 이에 해당되는 것은 ㄱ으로, 지금과 같은 공급처에서 원료를 수입하게 되면 미래에는 원료의 단가가 상승하게 되어 회사 경영에 문제가 될 것이다. 따라서 이에 대한 해결책을 갖추어야 미래에 큰 손실이 발생하지 않을 것이다.
- 설정형 문제란 미래 상황에 대응하는 장래 경영 전략의 문제로, '앞으로 어떻게 할 것인가'에 대한 문제를 의미한다. 따라서 미래 상황에 대한 언급이 있는 ㄷ이 해당한다.

14 　　　　　　　　　　　　　　정답 ②

퍼실리테이션은 커뮤니케이션을 통한 문제해결 방법으로, 구성원의 동기 강화, 팀워크 향상 등을 이룰 수 있다. 이는 구성원이 자율적으로 실행하는 것으로, 제3자가 합의점이나 줄거리를 준비해놓고 예정대로 결론을 도출하는 것이 아니다.

15 　　　　　　　　　　　　　　정답 ④

오답분석
ㄴ. 사용하지 않은 성분을 강조하였으므로 제1항 제3호에 해당한다.
ㄹ. 질병 예방에 효능이 있음을 나타내었으므로 제1항 제1호에 해당한다.

16 　　　　　　　　　　　　　　정답 ②

$$℃=\frac{5}{9}(℉-32) \rightarrow ℉=\frac{9}{5}\times℃+32 \rightarrow ℉=\frac{9}{5}\times30+32=86℉$$

17 　　　　　　　　　　　　　　정답 ③

오답분석
①・④ E가 두 명이 탑승한 차에 있기 때문에 오답이다.
② A가 D나 F 중 어떤 사람과도 함께 타지 않았기 때문에 오답이다.

18 　　　　　　　　　　　　　　정답 ④

C주임은 출장으로 인해 참석하지 못하며, B사원과 D주임 중 한 명만 참석이 가능하다. 또한 주임 이상만 참여 가능하므로 A사원과 B사원은 참석하지 못한다. 그리고 가능한 모든 인원이 참석해야 하므로 참석하지 못할 이유가 없는 팀원은 전부 참여해야 한다. 따라서 참석할 사람은 D주임, E대리, F팀장이다.

19 　　　　　　　　　　　　　　정답 ③

기현이가 휴대폰 구매 시 고려하는 사항의 순위에 따라 제품의 평점을 정리하면 다음과 같다.

구분	A사	B사	L사	S사
디자인	4	3	4	4
카메라 해상도	4		4	4
가격	3		3	3
A/S 편리성	2		4	4
방수			5	3

먼저 디자인 항목에서 평점이 가장 낮은 B사 제품은 제외된다. 카메라 해상도와 가격 항목에서는 A사, L사, S사 제품의 평점이 모두 동일하지만, A/S 편리성 항목에서 A사 제품의 평점이 L사와 S사에 비해 낮으므로 A사 제품이 제외된다. 다음으로 고려하는 방수 항목에서는 L사가 S사보다 평점이 높으므로 결국 기현이는 L사의 휴대폰을 구매할 것이다.

20 　　　　　　　　　　　　　　정답 ②

키보드, 스캐너, 마우스는 입력 장치에 해당하므로 14개, 출력 장치는 스피커, LCD 모니터, 레이저 프린터가 해당하므로 11개, 저장 장치는 광디스크, USB 메모리가 해당하므로 19개이다. 따라서 재고량 조사표에서 출력 장치가 11개가 되어야 한다.

21
정답 ①

현상 유지와 순응은 반(反)임파워먼트 환경이 만드는 현상이다.

> **높은 성과를 내는 임파워먼트 환경의 특징**
> • 도전적이고 흥미 있는 일
> • 학습과 성장의 기회
> • 높은 성과와 지속적인 개선을 가져오는 요인들에 대한 통제
> • 성과에 대한 지식
> • 긍정적인 인간관계
> • 개인들이 공헌하며 만족한다는 느낌
> • 상부로부터의 지원

22
정답 ③

ㄱ. 최수영 상무이사가 결재한 것은 대결이다. 대결은 결재권자가 출장, 휴가, 기타 사유로 상당 기간 부재중일 때 긴급한 문서를 처리하고자 할 경우 결재권자의 차하위 직위의 결재를 받아 시행하는 것을 말한다.

ㄴ. 대결 시에는 기안문의 결재란 중 대결한 자의 란에 '대결'을 표시하고 서명 또는 날인한다.

ㄹ. 전결 사항은 전결권자에게 책임과 권한이 위임되었으므로 중요한 사항이라면 원결재자에게 보고하는 데 그친다.

담당	과장	부장	상무이사	전무이사
아무개	최경옥	김석호	대결 최수영	전결

ㄷ. 대결의 경우 원결재자가 문서의 시행 이후 결재하며, 이를 후결이라 한다.

23
정답 ①

마이클 포터(M. E. Porter)의 본원적 경쟁전략
• 원가우위 전략 : 원가 절감을 통해 해당 산업에서 우위를 점하는 전략으로, 이를 위해서는 대량생산을 통해 단위 원가를 낮추거나 새로운 생산기술을 개발할 필요가 있다. 1970년대 우리나라의 섬유업체나 신발업체, 가발업체 등이 미국 시장에 진출할 때 취한 전략이 여기에 해당한다.
• 차별화 전략 : 조직이 생산품이나 서비스를 차별화하여 고객에게 가치가 있고 독특하게 인식되도록 하는 전략이다. 이를 위해서는 연구개발이나 광고를 통하여 기술, 품질, 서비스, 브랜드 이미지를 개선할 필요가 있다.
• 집중화 전략 : 특정 시장이나 고객에게 한정된 전략으로, 원가우위나 차별화 전략이 산업 전체를 대상으로 하는 데 비해 집중화 전략은 특정 산업을 대상으로 한다. 즉, 경쟁조직들이 소홀히 하고 있는 한정된 시장을 원가우위나 차별화 전략을 써서 집중적으로 공략하는 방법이다.

24
정답 ②

• B : 사장 직속으로 4개의 본부가 있다는 설명은 옳지만, 인사를 전담하고 있는 본부는 없으므로 적절하지 않다.
• C : 감사실이 분리되어 있다는 설명은 옳지만, 사장 직속이 아니므로 적절하지 않다.

25
정답 ④

시스템 오류 확인 및 시스템 개선 업무는 고객지원팀이 아닌 시스템개발팀이 담당하는 업무이다.

26
정답 ①

A씨의 행동을 살펴보면, 무계획적인 업무처리로 인하여 일이 늦어지거나 누락되는 경우가 많다는 것을 알 수 있다. 이러한 행동에 대해서 적절한 피드백으로는 업무를 계획적으로 진행하라는 맥락인 ①이 적절하다.

27
정답 ④

중요도와 긴급성에 따라 우선순위를 둔다면 1순위는 회의 자료 준비이다. 업무 보고서는 내일 오전까지 시간이 있으므로 회의 자료 먼저 준비하는 것이 옳다. 그러므로 ⓔ이 가장 좋은 행동이라 할 수 있다. 반면, ㉠은 첫 번째 우선순위로 놓아야 할 회의 자료 작성을 전혀 고려하지 않았으므로 가장 좋지 않은 행동이라 할 수 있다.

28
정답 ④

업무환경에 '자유로운 분위기'라고 명시되어 있으므로 '중압적인 분위기를 잘 이겨낼 수 있다.'라는 내용은 옳지 않다.

29
정답 ②

회의의 내용으로 보아 의사결정방법 중 브레인스토밍 기법을 사용하고 있다. 브레인스토밍은 문제에 대한 제안이 자유롭게 이어지고, 아이디어는 많을수록 좋으며, 제안한 모든 아이디어를 종합하여 해결책을 내는 방법이다. 따라서 다른 직원의 의견에 대해 반박을 한 D주임의 태도가 적절하지 않다.

30
정답 ①

우선순위를 파악하기 위해서는 먼저 중요도와 긴급성을 파악해야 한다. 즉, 중요도와 긴급성이 높은 일부터 처리해야 하는 것이다. 그러므로 업무 리스트 중에서 가장 먼저 해야 할 일은 내일 있을 당직 근무자 명단 확인이다. 그다음 경영1팀의 비품 주문, 신입사원 면접 날짜 확인, 인사총무팀 회식 장소 예약 확인, 회사 창립기념일 행사 준비 순으로 진행하면 된다.

31
정답 ③

©은 [F4] 셀을 「=RANK(F4,$E$4:$E$8)」로 구한 후에 '자동 채우기' 기능으로 구할 수 있다.

32
정답 ②

정보를 관리하지 않고 그저 머릿속에만 기억해 두는 것은 정보관리에 허술한 사례이다.

오답분석
① · ④ 정보검색의 바람직한 사례이다.
③ 정보전파의 바람직한 사례이다.

33
정답 ④

〈Ctrl〉+〈Alt〉는 기능을 가지고 있는 단축키가 아니다.

오답분석
① · ② · ③ 합계를 구하는 방법으로 적절하다.

34
정답 ③

대부상황은 개인정보 중 신용정보로 분류된다.

35
정답 ④

• 최종점수는 [E2] 셀에 「=ROUND(AVERAGE(B2:C2)*0.9+D2*0.1,1)」를 넣고 드래그하면 된다. 따라서 ②는 사용하는 함수이다.
• 등수는 [F2] 셀에 「=RANK(E2,$E$2:$E$8)」를 넣고 드래그하면 된다. 따라서 ③은 사용하는 함수이다.
• 등급은 [G2] 셀에 「=IFS(RANK(E2,$E$2:$E$8)<=2,"A", RANK(E2,$E$2:$E$8)<=5,"B",TRUE,"C")」를 넣고 드래그하면 된다. 따라서 ①은 사용하는 함수이다.

36
정답 ②

컴퓨터 시스템의 구성요소
• 중앙처리장치(CPU) : 컴퓨터의 시스템을 제어하고 프로그램의 연산을 수행하는 처리장치
• 주기억장치 : 프로그램이 실행될 때 보조기억장치로부터 프로그램이나 자료를 이동시켜 실행시킬 수 있는 기억장치
• 보조저장장치 : 2차 기억장치, 디스크나 CD-ROM과 같이 영구 저장 능력을 가진 기억장치
• 입출력장치 : 장치마다 별도의 제어기가 있어, CPU로부터 명령을 받아 장치의 동작을 제어하고 데이터를 이동시키는 일을 수행하는 장치

37
정답 ④

워드프로세서의 머리말은 한 페이지의 맨 위에 한두 줄의 내용이 고정적으로 반복되게 하는 기능이다.

38
정답 ②

'디스크 정리' 프로그램은 불필요한 프로그램을 제거함으로써 하드디스크 용량을 확보해 주는 프로그램이다. PC에 하드가 인식하지 않는 상태에서는 윈도우를 활용할 수 없으므로, 윈도우의 '디스크 정리' 프로그램은 사용할 수 없다.

39
정답 ②

도형 선택 후 〈Shift〉 버튼을 누르고 도형을 회전시키면 15° 간격으로 회전시킬 수 있다.

40
정답 ④

「=IF(판정될 값이나 식,TRUE일 때 돌려주는 값,FALSE일 때 돌려주는 값)」로, 「=MID(돌려줄 문자들이 포함된 문자열,돌려줄 문자열에서 첫째 문자의 위치,돌려줄 문자 개수)」로 표시된다. 따라서 [B2] 셀의 8번째 자리의 숫자로 성별을 판단하기 때문에 「=IF(MID(B2,8,1)="1","남성","여성")」가 옳다.

41
정답 ④

ⓒ HCHO가 가장 높은 역은 청량리역이고 가장 낮은 역은 신설동역이다. 두 역의 평균은 $\frac{11.4+4.8}{2}=8.1\mu g/m^3$로 1호선 평균인 $8.4\mu g/m^3$보다 낮다.
② 청량리역은 HCHO, CO, NO_2, Rn 총 4가지 항목에서 1호선 평균보다 높게 측정되었다.

오답분석
㉠ CO의 1호선 평균은 0.5ppm이며, 종로5가역과 신설동역은 0.4ppm이므로 옳다.
ⓒ 시청역은 PM-10이 $102.0\mu g/m^3$로 가장 높게 측정됐지만, TVOC는 $44.4\mu g/m^3$로 가장 낮게 측정되었으므로 옳다.

42
정답 ④

선 그래프는 시간의 경과에 따라 수량에 의한 변화의 상황을 선의 기울기로 나타내는 그래프로, 시간적 변화에 따른 수량의 변화를 표현하기에 적합하다.

오답분석
① 층별 그래프 : 선의 움직임보다는 선과 선 사이의 크기로써 데이터 변화를 나타내는 그래프로, 시간적 변화에 따른 구성비의 변화를 표현하고자 할 때 활용할 수 있다.

② 원 그래프 : 내용의 구성비를 원을 분할해 작성하는 그래프로, 전체에 대한 구성비를 표현할 때 다양하게 활용할 수 있다.
③ 막대 그래프 : 비교하려 하는 수량을 막대 길이로 표시하고 그 길이를 비교해 각 수량 간의 대소 관계를 나타내는 그래프로, 전체에 대한 구성비를 표현할 때 다양하게 활용할 수 있다.

43
정답 ④

연령대를 기준으로 남성과 여성의 인구 비율을 계산하면 다음과 같다.

구분	남성	여성
0 ~ 14세	$\frac{323}{627} \times 100$ ≒51.5%	$\frac{304}{627} \times 100$ ≒48.5%
15 ~ 29세	$\frac{453}{905} \times 100$ ≒50.1%	$\frac{452}{905} \times 100$ ≒49.9%
30 ~ 44세	$\frac{565}{1,110} \times 100$ ≒50.9%	$\frac{545}{1,110} \times 100$ ≒49.1%
45 ~ 59세	$\frac{630}{1,257} \times 100$ ≒50.1%	$\frac{627}{1,257} \times 100$ ≒49.9%
60 ~ 74세	$\frac{345}{720} \times 100$ ≒47.9%	$\frac{375}{720} \times 100$ ≒52.1%
75세 이상	$\frac{113}{309} \times 100$ ≒36.6%	$\frac{196}{309} \times 100$ ≒63.4%

남성 인구가 40% 이하인 연령대는 75세 이상(36.6%)이며, 여성 인구가 50% 초과 60% 이하인 연령대는 60 ~ 74세(52.1%)이다. 따라서 바르게 연결된 것은 ④이다.

44
정답 ①

증발하기 전 농도가 15%인 소금물의 양을 xg이라고 하면, 이 소금물의 소금의 양은 $0.15x$g이고, 5% 증발했으므로 증발한 후의 소금물의 양은 $0.95x$g이다. 또한 농도가 30%인 소금물의 소금의 양은 $200 \times 0.3 = 60$g이다.

$\frac{0.15x + 60}{0.95x + 200} \times 100 = 20$

→ $0.15x + 60 = 0.2(0.95x + 200)$

→ $0.15x + 60 = 0.19x + 40$

→ $0.04x = 20$

∴ $x = 500$

따라서 증발 전 농도가 15%인 소금물의 양은 500g이다.

45
정답 ④

2시간에 2,400L를 채우려면 1분에 20L씩 넣으면 된다. 즉, 20분 동안 채운 물의 양은 400L이고, 수영장에 있는 물의 양은 $2,400 \times \frac{1}{12} = 200$L이므로 20분 동안 새어나간 물의 양은 $400 - 200 = 200$L이다. 따라서 1분에 10L의 물이 새어나간 것을 알 수 있다. 남은 1시간 40분 동안 $2,400 - 200 = 2,200$L의 물을 채워야 하므로 1분에 붓는 물의 양을 xL라 하면

$(x - 10) \times 100 \geq 2,200$

∴ $x \geq 32$

46
정답 ②

2024년 7월 서울특별시의 소비심리지수는 128.8이고, 2024년 12월 서울특별시의 소비심리지수는 102.8이다. 따라서 2024년 7월 대비 2024년 12월의 소비심리지수 감소율은 $\frac{128.8 - 102.8}{128.8} \times 100 ≒ 20.19\%$이다.

오답분석

① 2024년 7월 소비심리지수가 100 미만인 지역은 대구광역시, 경상북도 두 곳이다.
③ 자료를 통해 확인할 수 있다.
④ 2024년 9월에 비해 2024년 10월에 가격상승 및 거래증가 응답자가 적었던 지역은 100.0 → 96.4로 감소한 경상북도 한 곳이다.

47
정답 ①

A지역의 2월과 12월 평균기온은 영하이며, 8월 강수량은 자료보다 낮게 나타났다.

48
정답 ②

A ~ E의 적성고사 점수를 구하면 다음과 같다.
• A(인문계열)
  : (18개×4점)+(17개×3점)+(5개×3점)+230점=368점
• B(자연계열)
  : (17개×3점)+(13개×4점)+(8개×3점)+230점=357점
• C(인문계열)
  : (12개×4점)+(14개×3점)+(6개×3점)+230점=338점
• D(인문계열)
  : (17개×4점)+(11개×3점)+(3개×3점)+230점=340점
• E(자연계열)
  : (19개×3점)+(18개×4점)+(6개×3점)+230점=377점
따라서 A ~ E의 평균 점수는 (368+357+338+340+377)÷5 =356점이다.

49　정답 ③

산업이 부담하는 연구비는 일본 82,326억 엔, 미국 147,300억 엔, 독일 35,739억 엔, 프랑스 11,977억 엔, 영국 17,593억 엔이고, 그중 산업 조직이 사용하는 비율은 일본 98.6%, 미국 98.4%, 독일 97.3%, 프랑스 99.1%, 영국 95.5%이다.

오답분석

① 독일 정부가 부담하는 연구비는 $6,590+4,526+7,115=18,231$억 엔이고, 이는 미국 정부가 부담하는 연구비인 $33,400+71,300+28,860=133,560$억 엔의 약 $\frac{1}{7}$ 이다.

② 정부 부담 연구비 중에서 산업 조직의 사용 비율이 가장 높은 나라는 미국이다.

④ 미국의 대학이 사용하는 연구비는 일본의 대학이 사용하는 연구비의 $\frac{28,860+2,300}{10,921+458}=\frac{31,160}{11,379}≒2.7$배이다.

50　정답 ②

ㄱ. 한국, 독일, 영국, 미국이 전년 대비 감소했다.

ㄷ. 전년 대비 2021년 한국, 중국, 독일의 연구개발비 증가율을 각각 구하면 다음과 같다.

- 한국 : $\frac{33,684-28,641}{28,641}×100=\frac{5,043}{28,641}×100≒17.6\%$

- 중국 : $\frac{48,771-37,664}{37,664}×100=\frac{11,107}{37,664}×100≒29.5\%$

- 독일 : $\frac{84,148-73,737}{73,737}×100=\frac{10,441}{73,737}×100≒14.2\%$

따라서 중국, 한국, 독일 순서로 증가율이 높다.

오답분석

ㄴ. 2019년 대비 2023년 연구개발비 증가율은 중국이 약 3배가량 증가하여 가장 높고, 일본은 $\frac{169,047-151,270}{151,270}×100≒11.8\%$이고, 영국은 $\frac{40,291-39,421}{39,421}×100≒2.2\%$이다. 따라서 영국의 연구개발비 증가율이 가장 낮다.

2일 차 기출응용 모의고사 정답 및 해설

01	02	03	04	05	06	07	08	09	10
①	③	②	④	①	④	②	③	④	③
11	12	13	14	15	16	17	18	19	20
③	①	③	③	②	①	③	②	③	④
21	22	23	24	25	26	27	28	29	30
②	④	②	④	④	④	③	③	④	③
31	32	33	34	35	36	37	38	39	40
②	②	①	③	③	③	③	③	③	④
41	42	43	44	45	46	47	48	49	50
③	③	①	①	②	④	①	③	④	③

01 정답 ①

오답분석

ㄷ. 세계는 감각으로 인식될 때만 존재한다. 따라서 책상은 인식 이전에 그 자체로 존재할 수 없다.

ㄹ. 사과의 단맛은 주관적인 속성으로, 둥근 모양은 객관적으로 성립한다고 여겨지는 형태에 해당하지만, 버클리는 주관적 속성으로 인식했다.

02 정답 ③

바우마이스터에 따르면 개인은 자신이 가지고 있는 제한된 에너지를 자기 조절 과정에 사용하는데, 이때 에너지를 많이 사용한다고 하더라도 긴박한 상황을 대비하여 에너지의 일부를 남겨 두기 때문에 에너지가 완전히 고갈되는 상황은 벌어지지 않는다. 즉, S씨는 식단 조절 과정에 에너지를 효율적으로 사용하지 못하였을 뿐, 에너지가 고갈되어 식단 조절에 실패한 것은 아니다.

오답분석

① 반두라에 따르면 자기 반응은 자신이 한 행동 이후에 자신에게 부여하는 정서적 현상을 의미하는데, 자신이 지향하는 목표와 관련된 개인적 표준에 부합하지 않은 행동은 죄책감이나 수치심이라는 자기 반응을 만들어 낸다.

② 반두라에 따르면 인간은 자기 조절 능력을 선천적으로 가지고 있으며, 자기 조절은 세 가지의 하위 기능인 자기 검열, 자기 판단, 자기 반응의 과정을 통해 작동한다.

④ 바우마이스터에 따르면 자기 조절은 개인적 표준, 모니터링, 동기, 에너지로 구성된다. S씨의 건강관리는 개인의 목표 성취와 관련된 개인적 표준에 해당하며, 이를 위해 S씨는 자신의 행동을 관찰하는 모니터링 과정을 거쳤다.

03 정답 ②

빈칸 앞에서는 제3세계 환자들과 제약회사 간의 신약 가격에 대한 딜레마를 이야기하며 제3의 대안이 필요하다고 한다. 빈칸 뒤에서는 그 대안이 실현되기 어려운 이유는 '자신의 주머니에 손을 넣어 거기에 필요한 돈을 꺼내는 순간 알게 될 것'이라고 하였으므로 개인 차원의 대안을 제시했음을 추측할 수 있다. 따라서 ②가 빈칸에 들어갈 내용으로 적절하다.

04 정답 ④

상대방이 이해하기 어려운 전문적 언어(ㄹ)나 단조로운 언어(ㅁ)는 의사표현에 사용되는 언어로 적절하지 않다.

오답분석

의사표현에 사용되는 언어로는 이해하기 쉬운 언어(ㄱ), 상세하고 구체적인 언어(ㄴ), 간결하면서 정확한 언어(ㄷ), 문법적 언어(ㅂ), 감각적 언어 등이 있다.

05 정답 ①

두 번째 문단은 첫 번째 문단의 부연 설명이고, 제시문의 전개 방식은 다음과 같다.

• 대전제 : 전 세계를 상대로 진리를 탐구하는 것만이 진정한 학자이다.

• 소전제 : 남의 학문을 전파하는 것은 진리 탐구와는 성질이 다른 것이다.

• 결론 : 남의 학문을 전파하는 사람은 진정한 학자가 아니다.

전체적으로 보면 연역법의 '정언 삼단논법' 형식을 취하고 있다. 정언 삼단논법이란 세 개의 정언 명제로 구성된 간접추리 방식으로서 세 개의 명제 가운데 두 개의 명제는 전제이고, 나머지 한 개의 명제는 결론이 된다.

06
정답 ④

㉠ '소개하다'는 '서로 모르는 사람들 사이에서 양편이 알고 지내도록 관계를 맺어 주다.'의 의미로 단어 자체가 사동의 의미를 지니고 있으므로 '소개시켰다'가 아닌 '소개했다'가 옳은 표현이다.

㉡ '쓰여지다'는 피동 접사 '-이-'와 '-어지다'가 결합한 이중 피동 표현이므로 '쓰여진'이 아닌 '쓰인'이 옳은 표현이다.

㉢ '부딪치다'는 '무엇과 무엇이 힘 있게 마주 닿거나 마주 대다.'의 의미인 '부딪다'를 강조하여 이르는 말이고, '부딪히다'는 '부딪다'의 피동사이다. 따라서 ㉢에는 의미상 '부딪쳤다'가 들어가야 한다.

07
정답 ②

조간대의 상부에 사는 생물의 예시만 있으며, 중부에 사는 생물에 대한 언급은 없으므로 ②는 적절하지 않다.

오답분석
① 마지막 문단에서 조간대에 사는 생물 중 총알고둥류가 사는 곳은 물이 가장 높이 올라오는 지점인 상부라고 언급하고 있다.
③ 마지막 문단에서 척박한 바다 환경에 적응하기 위해 높이에 따라 종이 수직적으로 분포한다고 언급하고 있다.
④ 첫 번째, 두 번째 문단에서 조간대의 환경적 조건에 대해 언급하고 있다.

08
정답 ③

제시문은 우리나라가 지식 기반 산업 위주의 사회로 바뀌면서 내부 노동 시장에 의존하던 인력 관리 방식이 외부 노동 시장에서의 채용으로 변화함에 따라 지식 격차에 의한 소득 불평등과 국가 간 경제적 불평등 현상이 심화되고 있다고 언급하고 있다.

오답분석
① 정보통신 기술을 통해, 전 지구적 노동 시장이 탄생하여 기업을 비롯한 사회 조직들이 국경을 넘어 인력을 충원하고 재화와 용역을 구매하고 있다고 언급했다. 하지만 이러한 국가 간 노동 인력의 이동이 가져오는 폐해에 대해서는 언급하고 있지 않다.
② 지식 기반 경제로의 이행은 지식 격차에 의한 소득 불평등 심화 현상을 일으킨다. 하지만 이것에 대한 해결책은 언급하고 있지 않다.
④ 생산 기능은 저개발국으로 이전되고 연구 개발 기능은 선진국으로 모여들어 정보 격차가 확대되고 있다. 하지만 국가 간의 격차 축소 정책의 필요성은 언급하고 있지 않다.

09
정답 ④

보기는 관심사가 하나뿐인 사람을 1차원 그래프로 표시할 수 있다는 내용이다. 이는 제시문의 1차원적 인간에 대한 구체적인 예시에 해당하므로 ㉣에 들어가는 것이 가장 적절하다.

10
정답 ③

주어가 '패스트푸드점'이기 때문에 임금을 받는 것이 아니라 주는 주체이므로 '대체로 최저임금을 주거나'로 수정하는 것이 적절하다.

11
정답 ③

제시된 A ~ D 네 명의 진술을 정리하면 다음과 같다.

구분	진술 1	진술 2
A	C는 B를 이길 수 있는 것을 냈다.	B는 가위를 냈다.
B	A는 C와 같은 것을 냈다.	A가 편 손가락의 수는 B보다 적다.
C	B는 바위를 냈다.	A ~ D는 같은 것을 내지 않았다.
D	A, B, C 모두 참 또는 거짓을 말한 순서가 동일하다.	이 판은 승자가 나온 판이었다.

먼저 A ~ D는 반드시 가위, 바위, 보 세 가지 중 하나를 내야 하므로 그 누구도 같은 것을 내지 않았다는 C의 진술 2는 거짓이 된다. 따라서 C의 진술 중 진술 1이 참이 되므로 B가 바위를 냈다는 것을 알 수 있다. 이때, B가 가위를 냈다는 A의 진술 2는 참인 C의 진술 1과 모순되므로 A의 진술 중 진술 2가 거짓이 되는 것을 알 수 있다. 결국 A의 진술 중 진술 1이 참이 되므로 C는 바위를 낸 B를 이길 수 있는 보를 냈다는 것을 알 수 있다.
한편, 바위를 낸 B는 손가락을 펴지 않으므로 A가 편 손가락의 수가 자신보다 적었다는 B의 진술 2는 거짓이 된다. 따라서 B의 진술 중 진술 1이 참이 되므로 A는 C와 같은 보를 냈다는 것을 알 수 있다.
이를 바탕으로 A ~ C의 진술에 대한 참, 거짓 여부와 가위바위보를 정리하면 다음과 같다.

구분	진술 1	진술 2	가위바위보
A	참	거짓	보
B	참	거짓	바위
C	참	거짓	보

따라서 참 또는 거짓에 대한 A ~ C의 진술 순서가 동일하므로 D의 진술 1은 참이 되고, 진술 2는 거짓이 되어야 한다. 이때, 승자가 나오지 않으려면 D는 반드시 A ~ C와 다른 것을 내야 하므로 가위를 낸 것을 알 수 있다.

오답분석
① B와 같은 것을 낸 사람은 없다.
② 보를 낸 사람은 2명이다.
④ B가 기권했다면 가위를 낸 D가 이기게 된다.

12 　　　　　　　　　　　　　　　　　　정답 ①

전략적 사고란 현재 당면하고 있는 문제와 그 해결방법에만 집착
하지 않고, 그 문제와 해결방안이 상위 시스템과 어떻게 연결되어
있는지를 생각하는 것을 의미한다.

오답분석

② 창의적 사고 : 당면한 문제를 해결하기 위해 이미 알고 있는
　경험ㆍ지식을 해체하여 새로운 아이디어를 다시 도출하는 것
　을 의미한다.
③ 분석적 사고 : 전체를 각각의 요소로 나누어 그 요소의 의미를
　도출한 다음 우선순위를 부여하여 구체적인 문제해결방법을
　실행하는 것을 의미한다.
④ 발상의 전환 : 사물과 세상을 바라보는 기존의 인식 틀을 전환
　하여 새로운 관점에서 바라보는 것을 의미한다.

13 　　　　　　　　　　　　　　　　　　정답 ③

D팀은 파란색을 선택하였으므로 보라색을 사용하지 않고, B팀과
C팀도 보라색을 사용한 적이 있으므로 A팀이 보라색을 선택한다.
B팀은 빨간색을 사용한 적이 있고, 파란색과 보라색은 사용할 수
없으므로 노란색을 선택한다. C팀은 남은 빨간색을 선택한다.

A팀	B팀	C팀	D팀
보라색	노란색	빨간색	파란색

따라서 항상 참인 것은 ③이다.

오답분석

①ㆍ④ 주어진 조건만으로는 판단하기 어렵다.
② A팀의 상징색은 보라색이다.

14 　　　　　　　　　　　　　　　　　　정답 ③

비판적 사고를 발휘하는 데는 개방성, 융통성 등이 필요하다. 개방
성은 다양한 여러 신념들이 진실일 수 있다는 것을 받아들이는 태
도로, 편견이나 선입견에 의하여 결정을 내려서는 안 된다. 융통성
은 개인의 신념이나 탐구 방법을 변경할 수 있는 태도로, 비판적
사고를 위해서는 특정한 신념의 지배를 받는 고정성, 독단적 태도
등을 배격해야 한다. 따라서 비판적 평가에서 가장 낮은 평가를
받게 될 사람은 본인의 신념을 갖고 상대를 끝까지 설득하겠다는
C이다.

15 　　　　　　　　　　　　　　　　　　정답 ②

A사원은 자사의 수익과 성과가 적은 이유를 단순히 영업에서의
문제로 판단하고, 타사의 근무하는 친구의 경험만을 바탕으로 이
에 대한 해결 방안을 제시했다. 이는 문제를 각각의 요소로 나누어
판단하는 분석적 사고가 부족한 사례로 볼 수 있다. 따라서 A사원
은 먼저 문제를 각각의 요소로 나누고, 그 요소의 의미를 도출한
후 우선순위를 부여해 구체적인 문제해결 방법을 실행해야 한다.

16 　　　　　　　　　　　　　　　　　　정답 ①

주어진 조건에 따라 비품실의 선반 구조를 추론해보면 다음과 같다.

6층	화장지
5층	보드마카, 스테이플러
4층	종이
3층	믹스커피, 종이컵
2층	간식
1층	볼펜, 메모지

종이는 4층에 위치하며, 종이 아래에는 믹스커피, 종이컵, 간식,
볼펜, 메모지가 있다. 따라서 ①이 정답이다.

17 　　　　　　　　　　　　　　　　　　정답 ③

A과장은 패스트푸드점, B대리는 화장실, C주임은 은행, 귀하는
편의점을 다녀오지만, 이는 동시에 이루어지는 일이므로 왕복 소
요시간이 가장 많은 은행을 다녀오는 C주임까지 다 모이는 시각은
16:50에서 30분 지난 17:20이다. 17:00, 17:15에 출발하는 버
스는 이용하지 못하고, 다음 17:30에 출발하는 버스는 잔여좌석
이 부족하여 이용하지 못한다. 따라서 다음 17:45에 출발하는 버
스를 이용할 수 있으므로 가장 빠른 서울 도착 예정시각은 19:45
이다.

18 　　　　　　　　　　　　　　　　　　정답 ②

공사 시행 업체 선정 방식에 따라 가중치를 반영하여 업체들의 점
수를 종합하면 다음과 같다.

(단위 : 점)

평가항목 ＼ 업체	A	B	C	D
적합성 점수	22	24	23	20
실적 점수	12	18	14	16
입찰 점수	10	6	4	8
평가 점수	44	48	41	44

따라서 평가 점수가 가장 높은 업체인 B가 공사 시행 업체로 최종
선정될 것이다.

19 　　　　　　　　　　　　　　　　　　정답 ③

오답분석

(라)ㆍ(마) 아동수당 제도 첫 도입에 따라 초기에 아동수당 신청이
　한꺼번에 몰릴 것으로 예상되어 연령별 신청기간을 운영한
　다. 따라서 만 5세 아동은 7월 1 ~ 5일 사이에 접수를 하거나
　연령에 관계없는 7월 6일 이후에 신청하는 것으로 안내하는
　것이 적절하다. 또한 아동수당 관련 신청서 작성요령이나 수
　급 가능성 등 자세한 내용은 아동수당 홈페이지에서 확인 가
　능한데, 어떤 홈페이지로 접속해야 하는지 안내를 하지 않았
　다. 따라서 적절하지 않은 답변이다.

20
정답 ④

게임 규칙과 결과를 토대로 경우의 수를 따져보면 다음과 같다.

라운드	벌칙 제외	총 퀴즈 개수(개)
3	A	15
4	B	19
5	C	21
	D	
	C	22
	E	
	D	22
	E	

ㄴ. 총 22개의 퀴즈가 출제되었다면, E가 정답을 맞혀 벌칙에서 제외된 것이다.

ㄷ. 게임이 종료될 때까지 총 21개의 퀴즈가 출제되었다면 C, D가 벌칙에서 제외된 경우로 5라운드에서 E에게는 정답을 맞힐 기회가 주어지지 않았다. 따라서 퀴즈를 푸는 순서가 벌칙을 받을 사람 결정에 영향을 미친다.

오답분석

ㄱ. 5라운드까지 4명의 참가자가 벌칙에서 제외되었으므로 정답을 맞힌 퀴즈는 8개, 벌칙을 받을 사람은 5라운드까지 정답을 맞힌 퀴즈는 0개나 1개이므로 정답을 맞힌 퀴즈는 8개나 9개이다.

21
정답 ②

ⓒ 정부 조직을 비롯해 공익을 추구하는 병원, 대학, 시민단체 등은 비영리 조직에 해당한다.

ⓜ 조직의 유형은 공식성, 영리성, 조직의 규모에 따라 구분할 수 있다. 공식성 정도에 따라 공식 조직과 비공식 조직으로 나뉜다. 조직이 발달해 온 역사를 보면 비공식 조직으로부터 공식화가 진행되어 공식 조직으로 발전해 왔다.

22
정답 ④

오답분석

ㄱ · ⓒ 유기적 조직에 대한 설명이다.

> **기계적 조직과 유기적 조직**
> - 기계적 조직
>   - 구성원의 업무가 분명하게 규정되어 있고, 많은 규칙과 규제가 있다.
>   - 상하 간 의사소통이 공식적인 경로를 통해 이루어진다.
>   - 군대, 정부, 공공기관 등이 있다.
> - 유기적 조직
>   - 업무가 고정되지 않아 업무 공유가 가능하다.
>   - 규제나 통제의 정도가 낮아 변화에 맞춰 쉽게 변할 수 있다.
>   - 권한위임을 받아 독자적으로 활동하는 사내 벤처팀, 특정한 과제 수행을 위해 조직된 프로젝트팀이 있다.

23
정답 ②

②는 업무의 내용이 유사하고 관련성이 있는 업무들을 결합해 구분한 것으로, 기능식 조직 구조의 형태로 볼 수 있다. 기능식 구조의 형태는 재무부, 영업부, 생산부, 구매부 등의 형태로 구분된다.

24
정답 ④

초장대교량사업단은 연구개발본부 소속이라고 하였으므로 R&D본부에 속해야 한다.

25
정답 ④

T기업은 소비자의 관점이 아닌 생산자의 관점에서 문제를 해결하려다 소비자들의 신뢰를 잃게 됐다. 따라서 기업은 생산자가 아닌 소비자의 관점에서 문제를 해결하기 위해 노력해야 한다.

26
정답 ④

창의적인 사고는 선천적으로 타고난 사람들에게만 있으며 후천적 노력에는 한계가 있다는 것은 편견이다.

27
정답 ③

'(A) 비서실 방문'은 브로슈어 인쇄를 위해 미리 파일을 받아야 하므로 '(D) 인쇄소 방문'보다 먼저 이루어져야 한다. '(B) 회의실, 마이크 체크'는 내일 오전 '(E) 업무보고' 전에 준비해야 할 사항이다. '(C) 케이터링 서비스 예약'은 내일 3시 팀장회의를 위해 준비하는 것이므로 24시간 전인 오늘 3시 이전에 실시하여야 한다. 따라서 위 업무순서를 정리하면 (C) – (A) – (D) – (B) – (E)가 되는데, 여기서 (C)가 (A)보다 먼저 이루어져야 하는 이유는 현재 시각이 2시 50분이기 때문이다. 비서실까지 가는 데 걸리는 시간이 15분이므로 비서실에 갔다 오면 3시가 지난다. 그러므로 케이터링 서비스 예약을 먼저 하는 것이 옳다.

28 정답 ③

ㄱ. 전결권자인 전무가 출장 중인 경우 대결권자가 이를 결재하고 전무가 후결을 하는 것이 맞다.

ㄴ. 부서장이 전결권자이므로 해당 직원을 채용하는 부서(영업부, 자재부 등)의 부서장이 결재하는 것이 바람직하다.

ㄹ. 교육훈련 대상자 선정은 이사에게 전결권이 있으므로 잘못된 결재 방식이다.

29 정답 ④

기획안은 본인이 생각한 것이 받아들여지는 것, 즉 '설득'이 목적인 문서이다. 그러므로 처음부터 최대한 완벽하게 작성해서 제출해야 한다. 물론 한 번에 받아들여지기보다는 피드백을 받는 경우가 많지만, 수용할 만한 기획서이고 제출자가 열심히 준비했다는 인상을 주는 것이 중요하기 때문이다.

30 정답 ③

시간 순서대로 나열해보면 '회의실 예약 – PPT 작성 – 메일 전송 – 수정사항 반영 – B주임에게 조언 구하기 – 브로슈어에 최종본 입력 – D대리에게 파일 전달 – 인쇄소 방문' 순서이다.

31 정답 ②

ⓒ·ⓜ 음식과 색상에 대한 자료를 가구, 연령으로 특징지음으로써 자료를 특정한 목적으로 가공한 정보이다.

오답분석

㉠ 특정 목적을 달성하기 위한 지식이다.

ⓒ·ⓔ 특정 목적이 없는 자료이다.

32 정답 ②

저장 매체에 저장된 자료는 시간이 지나도 언제든지 동일한 형태로 재생이 가능하므로 정적 정보에 해당한다.

오답분석

① 정보는 원래 형태 그대로 활용하거나 분석, 정리 등 가공하여 활용할 수 있다.

③ 동적 정보의 특징은 입수 후 처리한 경우에는 폐기하여도 된다는 것이다. 오히려 시간의 경과에 따라 시의성이 점점 떨어지는 동적 정보를 축적하는 것은 비효율적이다.

④ 시의성이 사라지면 정보의 가치가 떨어지는 동적 정보와 달리, 정적 정보의 경우 이용 후에도 장래에 활용을 하기 위해 정리하여 보존하는 것이 좋다.

33 정답 ①

데이터베이스(DB; Data Base)란 어느 한 조직의 여러 응용 프로그램들이 공유하는 관련 데이터들의 모임이다. 대학 내 서로 관련 있는 데이터들을 하나로 통합하여 데이터베이스로 구축하게 되면, 학생 관리 프로그램, 교수 관리 프로그램, 성적 관리 프로그램은 이 데이터베이스를 공유하며 사용하게 된다. 이처럼 데이터베이스는 여러 사람에 의해 공유되어 사용될 목적으로 통합하여 관리되는 데이터의 집합을 말하며, 자료항목의 중복을 없애고 자료를 구조화하여 저장함으로써 자료 검색과 갱신의 효율을 높인다.

오답분석

② 유비쿼터스 : 사용자가 네트워크나 컴퓨터를 의식하지 않고 장소에 상관없이 자유롭게 네트워크에 접속할 수 있는 정보통신 환경을 의미한다.

③ NFC : 전자태그(RFID)의 하나로 13.56Mhz 주파수 대역을 사용하는 비접촉식 근거리 무선통신 모듈이며, 10cm의 가까운 거리에서 단말기 간 데이터를 전송하는 기술을 말한다.

④ 와이파이 : 무선접속장치(AP; Access Point)가 설치된 곳에서 전파를 이용하여 일정 거리 안에서 무선인터넷을 할 수 있는 근거리 통신망을 칭하는 기술이다.

34 정답 ④

오답분석

① 새 문서

② 쪽 번호 매기기

③ 저장하기

35 정답 ③

오답분석

① 블록체인(Block Chain) : 누구나 열람할 수 있는 장부에 거래 내역을 투명하게 기록하고, 여러 대의 컴퓨터에 이를 복제해 저장하는 분산형 데이터 저장기술이다.

② 딥 러닝(Deep Learning) : 컴퓨터가 여러 데이터를 이용해 마치 사람처럼 스스로 학습할 수 있게 하기 위해 인공 신경망(ANN; Artificial Neural Network)을 기반으로 구축한 기계 학습 기술을 의미한다.

④ P2P(Peer to Peer) : 기존의 서버와 클라이언트 개념이나 공급자와 소비자 개념에서 벗어나 개인 컴퓨터끼리 직접 연결하고 검색함으로써 모든 참여자가 공급자인 동시에 수요자가 되는 형태이다.

36 정답 ③

피벗테이블 결과 표시는 다른 시트에도 가능하다.

37 　　　　　　　　　　　　　　정답 ③

세액은 공급가액의 10%이므로 (수기종이계산서의 공급가액)×0.1이다. 따라서 [F4] 셀에는 「=E4*0.1」을 입력해야 한다.

38 　　　　　　　　　　　　　　정답 ③

[G5] 셀을 채우기 위해서는 함수식 「=SUM(G3:G4)」 또는 「=SUM(E5:F5)」이 입력되어야 하고, 총 합계는 12,281,889이다.

① · ② AVERAGE 함수는 평균을 구할 때 사용하는 함수이다.

39 　　　　　　　　　　　　　　정답 ③

① 낱장 인쇄용지 중 크기가 가장 큰 용지는 B1이다.
② 낱장 인쇄용지의 가로와 세로의 비율은 $1 : \sqrt{2}$ 이다.
④ 인쇄용지 A4의 2배 크기는 A3이다.

40 　　　　　　　　　　　　　　정답 ④

- [D11] 셀에 입력된 COUNTA 함수는 범위에서 비어있지 않은 셀의 개수를 구하는 함수이다. [B3:D9] 범위에서 비어있지 않은 셀의 개수는 숫자 '1' 10개와 '재제출 요망'으로 입력된 텍스트 2개로, 「=COUNTA(B3:D9)」의 결괏값은 12이다.
- [D12] 셀에 입력된 COUNT 함수는 범위에서 숫자가 포함된 셀의 개수를 구하는 함수이다. [B3:D9] 범위에서 숫자가 포함된 셀의 개수는 숫자 '1' 10개로, 「=COUNT(B3:D9)」의 결괏값은 10이다.
- [D13] 셀에 입력된 COUNTBLANK 함수는 범위에서 비어있는 셀의 개수를 구하는 함수이다. [B3:D9] 범위에서 비어있는 셀의 개수는 9개로, 「=COUNTBLANK(B3:D9)」의 결괏값은 9이다.

41 　　　　　　　　　　　　　　정답 ③

A팀은 $\dfrac{150}{60}$ 시간으로 경기를 마쳤으며, B팀은 현재 70km를 평균 속도 40km/h로 통과해 $\dfrac{70}{40}$ 시간이 소요되었다. 이때 남은 거리의 평균 속도를 $x$km/h라 하면 $\dfrac{80}{x}$ 의 시간이 더 소요된다. 따라서 B팀은 A팀보다 더 빨리 경기를 마쳐야 하므로 $\dfrac{150}{60} > \dfrac{70}{40} + \dfrac{80}{x} \rightarrow x > \dfrac{320}{3}$ 이다.

42 　　　　　　　　　　　　　　정답 ③

서비스 품질 5가지 항목의 점수와 서비스 쇼핑 체험 점수를 비교해 보면, 모든 대형 마트에서 서비스 쇼핑 체험 점수가 가장 낮다는 것을 확인할 수 있다. 따라서 서비스 쇼핑 체험 부문의 만족도는 서비스 품질 부문들보다 모두 낮으며, 이때 서비스 쇼핑 체험 점수의 평균은 $\dfrac{3.48+3.37+3.45+3.33}{4} ≒ 3.41$점이다.

① 인터넷쇼핑과 모바일쇼핑 만족도의 차를 구해 보면 A마트는 0.07점, B마트와 C마트는 0.03점, D마트는 0.05점으로, A마트가 가장 크다.
② 단위를 살펴보면 5점 만점으로 조사되었음을 알 수 있으며, 종합만족도의 평균은 $\dfrac{3.72+3.53+3.64+3.56}{4} ≒ 3.61$점이다. 이때 업체별로는 A마트 → C마트 → D마트 → B마트 순서로 종합만족도가 낮아짐을 알 수 있다.
④ 모바일쇼핑 만족도는 평균 3.85점이며, 인터넷쇼핑은 평균 3.8점이다. 따라서 모바일쇼핑이 평균 0.05점 높게 평가됐다.

43 　　　　　　　　　　　　　　정답 ①

n을 자연수라고 하면 n항과 $(n+1)$항의 역수를 곱한 값이 $(n+2)$항인 수열이다.
따라서 ( ) $= \dfrac{9}{2} \times \dfrac{81}{20} = \dfrac{729}{40}$ 이다.

44 　　　　　　　　　　　　　　정답 ①

남성 합격자 수를 A명, 여성 합격자 수를 B명이라고 하자.
$A+B=40 \cdots \text{㉠}$
남성 합격자 총점과 여성 합격자 총점의 합을 전체 인원으로 나누면 전체 평균과 같다.
$\dfrac{82A+85B}{40} = 83.35 \rightarrow 82 \times A + 85 \times B = 83.35 \times 40 \cdots \text{㉡}$
㉠, ㉡을 연립하면 $A=22$, $B=18$이 된다.
따라서 남성 합격자는 22명이고, 여성 합격자는 18명이다.

45 　　　　　　　　　　　　　　정답 ②

소양강댐은 현재 저수율이 44.0%로 가장 높고, 보령댐은 21.5%로 가장 낮다. 이 둘의 차이는 22.5%p이다.

① 대청댐은 경계단계에 해당하고, 주의단계에 해당하는 것은 주암댐이다.
③ 보령댐은 심각단계이다.
④ 보령댐과 횡성댐의 현재 저수량은 비슷한 수준이지만, 현재 저수율 차이로 보아 보령댐이 횡성댐보다 더 크다.

46

자전거전용도로는 전국에서 약 $13.4\%\left(=\dfrac{2,843}{21,176}\times100\right)$의 비율을 차지한다.

오답분석

① 제주특별자치도는 전국에서 여섯 번째로 자전거도로가 길다.

② 광주광역시의 전국 대비 자전거전용도로의 비율은 약 3.8% $\left(=\dfrac{109}{2,843}\times100\right)$이며, 자전거보행자겸용도로의 비율은 약 $3\%\left(=\dfrac{484}{16,331}\times100\right)$로, 자전거전용도로의 비율이 더 높다.

③ 경상남도의 모든 자전거도로는 전국에서 약 $8.7\%\left(=\dfrac{1,844}{21,176}\right.$ $\left.\times100\right)$의 비율을 가지므로 옳지 않다.

47

정답 ①

• 7권의 소설책 중 3권을 선택하는 경우의 수

  : $_7C_3=\dfrac{7\times6\times5}{3\times2\times1}=35$가지

• 5권의 시집 중 2권을 선택하는 경우의 수

  : $_5C_2=\dfrac{5\times4}{2\times1}=10$가지

따라서 소설책 3권과 시집 2권을 선택하는 경우의 수는 35×10 $=350$가지이다.

48

정답 ③

대치동의 증권자산은 $23.0-17.7-3.1=2.2$조 원, 서초동의 증권자산은 $22.6-16.8-4.3=1.5$조 원이므로 옳은 설명이다.

오답분석

① 압구정동의 가구 수는 $\dfrac{14.4조}{12.8억}=11,250$가구, 여의도동의 가구 수는 $\dfrac{24.9조}{26.7억}\fallingdotseq9,300$가구이므로 압구정동의 가구 수가 더 많다.

② 이촌동의 가구 수가 2만 가구 이상이려면 총자산이 $7.4\times$ $20,000=14.8$조 원 이상이어야 한다. 그러나 이촌동은 총자산이 14.4조 원인 압구정동보다도 순위가 낮으므로 이촌동의 가구 수는 2만 가구 미만이다.

④ 여의도동의 부동산자산은 12.3조 원 미만이다. 따라서 여의도동의 증권자산은 최소 3조 원 이상이다.

49

정답 ④

여학생의 평균 점수를 a점이라 가정하면, 남학생 평균 점수는 $(3a+2)$점이다.

전체 평균 점수에 대한 관계식은 $200\times0.51\times(3a+2)+200\times0.49\times a=200\times59.6$이다.

이 방정식에서 각 항에 공통인 200을 약분하면 다음과 같다.

$0.51\times(3a+2)+0.49\times a=59.6$

$\rightarrow 1.53a+1.02+0.49a=59.6$

$\rightarrow 2.02a=58.58$

$\therefore a=29$

따라서 여학생의 평균 점수는 29점이며, 남학생의 평균 점수는 89점이다.

50

정답 ③

총 이동자 수 대비 $20\sim30$대 이동자 수 비율은 2014년이 약 45.4%로 가장 높다.

3일 차 기출응용 모의고사 정답 및 해설

01	02	03	04	05	06	07	08	09	10
③	④	②	③	④	①	③	③	④	③
11	12	13	14	15	16	17	18	19	20
④	③	②	①	②	②	③	④	②	②
21	22	23	24	25	26	27	28	29	30
②	①	①	④	②	③	②	③	①	③
31	32	33	34	35	36	37	38	39	40
③	④	②	④	②	④	③	④	②	②
41	42	43	44	45	46	47	48	49	50
③	③	①	④	①	④	③	②	①	②

01
정답 ③

제시문에서는 심리적 성향에서 비롯된 행위라도 결과적으로 의무와 부합할 수 있다고 하였으므로, 이성의 명령에 따른 행위와 심리적 성향에 따른 행위가 결과적으로 일치하는 경우도 있을 수 있다.

오답분석

① 동물은 이성을 가지고 있지 않으며 단지 본능적 욕구에 따라 행동할 뿐이므로, 동물의 행동을 선하다거나 악하다고 평가할 수 없다. 즉, 동물의 행위는 도덕적 평가의 대상이 될 수 없다.
② 감정이나 욕구는 주관적이므로, 시공간을 넘어 모든 인간에게 적용될 수 있는 보편적인 도덕의 원리가 될 수 없다.
④ 인간은 이성뿐만 아니라 감정과 욕구를 가진 존재이므로, 도덕적 의무(이성)에 따라 행동하거나 심리적 성향(감정과 욕구)에 따라 행동할 수 있다.

02
정답 ④

제시문의 마지막 문단에 따르면 괴델은 '참이지만 증명할 수 없는 명제가 존재한다.'라고 하였지만, '주어진 공리와 규칙만으로 일관성과 무모순성을 증명할 수 없다.'라고 하였다.

오답분석

① 두 번째 문단에서 유클리드는 공리를 기반으로 끌어낸 명제들이 성립함을 증명했으나, 공리를 증명하려 시도하지는 않았다.
② 세 번째 문단에서 힐베르트는 공리의 무모순성과 독립성을 증명할 수 있다고 예상하였다.

③ 괴델은 증명할 수 없어도 참인 명제가 존재한다고 하였으며, 기존의 수학 체계 자체를 부정한 것이 아니라 그 자체 체계만으로 일관성과 모순성을 설명할 수 없다는 불완전성을 정리한 것이다.

03
정답 ②

B사원은 현재 문제 상황과 관련이 없는 A사원의 업무 스타일을 근거로 들며, A사원의 의견을 무시하고 있다. 즉, 상대방에 대한 부정적인 판단 때문에 상대방의 말을 듣지 않는 태도가 B사원의 경청을 방해하고 있는 것이다.

오답분석

① 짐작하기 : 상대방의 말을 듣고 받아들이기보다 자신의 생각에 들어맞는 단서들을 찾아 자신의 생각을 확인하는 것이다.
③ 조언하기 : 지나치게 다른 사람의 문제를 본인이 해결해 주고자 하여 상대방의 말끝마다 조언하려고 끼어드는 것이다.
④ 대답할 말 준비하기 : 상대방의 말을 듣고 곧 자신이 다음에 할 말을 생각하기에 바빠 상대방의 말을 잘 듣지 않는 것이다.

04
정답 ③

㉠의 앞에서는 평화로운 시대에는 시인의 존재가 문화의 비싼 장식으로 여겨질 수 있다고 하였으나, ㉠의 뒤에서는 조국이 비운에 빠졌거나 혼란에 놓였을 때는 시인이 민족의 예언가 또는 선구자가 될 수 있다고 하였다. 따라서 ㉠에는 역접의 의미인 '그러나'가 적절하다.
㉡의 앞에서는 과거에 탄압받던 폴란드 사람들이 시인을 예언자로 여겼던 사례를 제시하고 있으며, ㉡의 뒤에서는 또 다른 사례로 불행한 시절 이탈리아와 벨기에 사람들이 시인을 조국 그 자체로 여겼던 점을 제시하고 있다. 따라서 ㉡에는 '거기에다 더'라는 의미를 지닌 '또한'이 적절하다.

05 정답 ④

제시문은 폐휴대전화 발생량으로 인한 자원낭비와 환경오염 문제를 극복하기 위해 기업에서 폐휴대전화 수거 운동을 벌이기로 했다는 내용의 글이다. 따라서 (다) 폐휴대전화의 발생량 증가 → (가) 폐휴대전화를 이용한 재활용 효과 → (나) 폐휴대전화로 인한 환경오염 → (라) 기업의 폐휴대전화 수거 운동 실시 순으로 나열되어야 한다.

06 정답 ①

제시문 하단에 우리나라의 사회보장기본법의 내용에서 '사회보장이란 출산, 양육, 실업, 노령, 장애, 질병, 빈곤 및 사망 등의 사회적 위험으로부터 모든 국민을 보호'한다고 명시되어 있으므로, 사회보장의 대상은 모든 국민임을 알 수 있다. 따라서 사회보장은 '보호가 필요하다고 판단되는 빈곤 계층'이라는 일부의 대상에만 적용되는 선별적 개념이 아닌, 전 국민을 대상으로 적용하는 포괄적 개념이다.

07 정답 ③

제시문은 '디드로 효과'라는 개념에 대해 설명하는 글로, 디드로가 친구로부터 받은 실내복을 입게 되면서 벌어진 일련의 일들에 대하여 '친구로부터 실내복을 받음 → 옛 실내복을 버림 → 실내복에 어울리게끔 책상을 바꿈 → 서재의 벽장식을 바꿈 → 결국 모든 것을 바꾸게 됨'의 과정을 인과관계에 따라 서술하고 있다. 친구로부터 실내복을 받은 것이 첫 번째 원인이 되고 그 이후의 일들은 그것의 결과이자 새로운 원인이 되어 일어나게 된다.

08 정답 ③

통합허가 관련 서류는 통합환경 허가시스템을 통해 온라인으로도 제출할 수 있다.

오답분석
① 통합환경 관리제도는 대기, 수질, 토양 등 개별적으로 이루어지던 관리 방식을 하나로 통합해 환경오염물질이 다른 분야로 전이되는 것을 막기 위해 만들어졌다.
② 관리방식의 통합은 총 10종에 이르는 인허가를 통합허가 1종으로 줄였다.
④ 사업장별로 지역 맞춤형 허가기준을 부여해 5 ~ 8년마다 주기적으로 검토한다.

09 정답 ④

보기는 수열에너지에 기반을 두어 융·복합 클러스터 조성사업(K – Cloud Park)을 시행했을 때 기대효과를 말하고 있다. 따라서 융·복합 클러스터 조성사업을 소개하고 있는 문장과 사례를 소개하고 있는 문장 사이인 (라)에 위치해야 한다.

10 정답 ③

제시문의 레비스트로스는 신화 자체의 사유 방식이나 특성을 특정 시대의 것으로 한정하는 오류를 범하고 있다고 언급하였다. 과거 신화 시대에 생겨난 신화적 사유는, 신화가 재현되고 재생되는 한 여전히 시간과 공간을 뛰어넘어 현재화되고 있다.

11 정답 ④

간선노선과 보조간선노선을 구분하여 노선번호를 부여하면 다음과 같다.
• 간선노선
  - 동서를 연결하는 경우 : (가)·(나)에 해당하며, 남에서 북으로 가면서 숫자가 증가하고 끝자리에는 0을 부여하므로 (가)는 20, (나)는 10이다.
  - 남북을 연결하는 경우 : (다)·(라)에 해당하며, 서에서 동으로 가면서 숫자가 증가하고 끝자리에는 5를 부여하므로 (다)는 15, (라)는 25이다.
• 보조간선노선
  - (마) : 남북을 연결하는 모양에 가까우므로, (마)의 첫자리는 남쪽 시작점의 간선노선인 (다)의 첫자리와 같은 1이 되어야 하고, 끝자리는 5를 제외한 홀수를 부여해야 하므로, 가능한 노선번호는 11, 13, 17, 19이다.
  - (바) : 동서를 연결하는 모양에 가까우므로, (바)의 첫자리는 바로 아래쪽에 있는 간선노선인 (나)의 첫자리와 같은 1이 되어야 하고, 끝자리는 0을 제외한 짝수를 부여해야 하므로, 가능한 노선번호는 12, 14, 16, 18이다.
따라서 가능한 조합은 ④이다.

12 정답 ③

주어진 조건을 정리하면 다음과 같다.

구분	월	화	수	목	금	토	일
첫째	○	×		×	○		
둘째						○	
셋째							○
넷째			○				

• 첫째는 화요일과 목요일에 병간호를 할 수 없고, 수·토·일요일은 다른 형제들이 병간호를 하므로 월요일과 금요일에 병간호를 한다.
• 둘째와 셋째에게 남은 요일은 화요일과 목요일이지만, 둘 중 누가 화요일에 병간호를 하고 목요일에 병간호를 할지는 알 수 없다.

13
정답 ②

세 번째 조건과 네 번째 조건을 기호로 나타내면 다음과 같다.
- D → ~E
- ~E → ~A

각각의 대우 E → ~D와 A → E에 따라 A → E → ~D가 성립하므로 A를 지방으로 발령한다면 E도 지방으로 발령하고, D는 지방으로 발령하지 않는다. 이때, H공단은 B와 D에 대하여 같은 결정을 하고, C와 E에 대하여는 다른 결정을 하므로 B와 C를 지방으로 발령하지 않는다. 따라서 A가 지방으로 발령된다면 지방으로 발령되지 않는 직원은 B, C, D 총 3명이다.

14
정답 ①

논리적 사고의 구성요소
- 상대 논리의 구조화 : 자신의 논리로만 생각하면 독선에 빠지기 쉬우므로 상대의 논리를 구조화하여 약점을 찾고, 자신의 생각을 재구축하는 것이 필요하다.
- 구체적인 생각 : 상대가 말하는 것을 잘 알 수 없을 때에는 구체적으로 생각해 보아야 한다.
- 생각하는 습관 : 논리적 사고에 있어서 가장 기본이 되는 것으로, 특정한 문제에 대해서만 생각하는 것이 아니라 일상적인 대화, 신문의 사설 등 어디서 어떤 것을 접하든지 늘 생각하는 습관을 들여야 한다.
- 타인에 대한 이해 : 상대의 주장에 반론을 제시할 때에는 상대 주장의 전부를 부정하지 않는 것이 좋으며, 동시에 상대의 인격을 부정해서는 안 된다.
- 설득 : 자신이 함께 일을 진행하는 상대와 의논하기도 하고 설득해 나가는 가운데 자신이 깨닫지 못했던 새로운 가치를 발견할 수 있다.

15
정답 ②

창의적 사고는 선천적으로 타고날 수도 있지만, 후천적 노력에 의해 개발이 가능하기 때문에 잘못된 조언이다.

오답분석
① 새로운 경험을 찾아 나서는 사람은 적극적이고, 모험심과 호기심 등을 가진 사람으로 창의력 교육훈련에 필요한 요소를 가지고 있는 사람이다.
③ 창의적인 사고는 창의력 교육훈련을 통해 후천적 노력에 의해서도 개발이 가능하다.
④ 창의력은 본인 스스로 자신의 틀에서 벗어나도록 노력하는 것으로, 통상적인 사고가 아니라 기발하고 독창적인 것을 말한다.

16
정답 ②

첫 번째, 네 번째 조건에 의해 A는 F와 함께 가야 한다. 그러면 두 번째 조건에 의해 B는 D와 함께 가야 하고, 세 번째 조건에 의해 C는 E와 함께 가야 한다. 따라서 한 조가 될 수 있는 두 사람은 A와 F, B와 D, C와 E이다.

17
정답 ③

ㄱ. 심사위원 3인이 같은 의견을 낸 경우엔 다수결에 의해 예선 통과 여부가 결정되므로 누가 심사위원장인지 알 수 없다.
ㄷ. 심사위원장을 A, 나머지 심사위원을 B, C, D라 하면 두 명의 O 결정에 따른 통과 여부는 다음과 같다.

O 결정	A, B	A, C	A, D	B, C	B, D	C, D
통과 여부	O	O	O	×	×	×

- 경우 1
참가자 4명 중 2명 이상이 A가 포함된 2인의 심사위원에게 O 결정을 받았고 그 구성이 다르다면 심사위원장을 알아낼 수 있다.
- 경우 2
참가자 4명 중 1명만 A가 포함된 2인의 심사위원에게 O 결정을 받아 통과하였다고 하자. 나머지 3명은 A가 포함되지 않은 2인의 심사위원에게 O 결정을 받아 통과하지 못하였고 그 구성이 다르다. 통과하지 못한 참가자에게 O 결정을 준 심사위원에는 A가 없고 통과한 참가자에게 O 결정을 준 심사위원에 A가 있기 때문에 심사위원장이 A라는 것을 알아낼 수 있다.

오답분석
ㄴ. 4명의 참가자 모두 같은 2인의 심사위원에게만 O 결정을 받아 탈락했으므로 나머지 2인의 심사위원 중에 심사위원장이 있다는 것만 알 수 있고, 누가 심사위원장인지는 알 수 없다.

18
정답 ④

주어진 조건을 정리하면 다음과 같다.

구분	노래	기타 연주	마술	춤	마임
인사팀	O (4명)				
영업팀		O (1명)			
홍보팀			O (2명)		
디자인팀				O (6명)	
기획팀					O (7명)

따라서 홍보팀에서는 총 2명이 참가하며, 참가 종목은 마술이다.

19
정답 ②

- ㉠, ㉢, ㉥, ㉧에 의해, 언어영역 순위는 '형준 - 연재 - 소정(또는 소정 - 연재) - 영호' 순서로 높다.
- ㉠, ㉡, ㉢, ㉥, ㉦에 의해, 수리영역 순위는 '소정 - 형준 - 연재 - 영호' 순서로 높다.

- ⓒ, ⓔ, ⓗ, ⓘ에 의해, 외국어영역 순위는 '영호 – 연재(또는 연재 – 영호) – 형준 – 소정' 순서로 높다.

① 언어영역 2위는 연재 또는 소정이다.
③ 영호는 외국어영역에서는 1위 또는 2위이다.
④ 연재의 언어영역 순위는 2위 또는 3위이므로 여기에 1을 더한 순위가 형준이의 외국어영역 순위인 3위와 항상 같다고 할 수 없다.

20 정답 ②
주어진 조건에 의하면 C·D지원자는 재료손질 역할을 원하지 않고, A지원자는 세팅 및 정리 역할을 원한다. A지원자가 세팅 및 정리 역할을 하면 A지원자가 받을 수 있는 가장 높은 점수 90+9 =99점을 받을 수 있고, C·D지원자는 요리보조, 요리 두 역할을 나눠하면 된다. 그리고 B지원자는 어떤 역할이든지 자신 있으므로 재료손질을 맡기면 된다. 마지막으로 C·D지원자가 요리보조와 요리 역할을 나눠가질 때, D지원자는 기존 성적이 97점이므로 요리를 선택하면 97+7=104점으로 100점이 넘어 요리 역할을 선택할 수가 없다. 따라서 B지원자에게는 재료손질, D지원자에게는 요리보조, C지원자에게는 요리, A지원자에게는 세팅 및 정리를 부여하면 모든 지원자들의 의견을 수렴하고 지원자 모두 최종점수가 100점을 넘지 않는다.

21 정답 ②
업무 수행에 필요한 요령이나 활용 팁 등은 인수인계서 작성 시 필수적으로 고려해야 할 항목은 아니다.

업무 인수인계서를 작성할 때 필수적으로 고려해야 할 항목으로는 조직의 업무 지침, 요구되는 지식, 기술, 도구, 태도, 관련 업무 및 관련 부서 담당자, 자율권 및 재량권, 업무에 대한 구분 및 정의 등이 해당된다.

22 정답 ①
박대리는 팀 내에서 공통으로 활용하는 체크리스트로 업무를 점검하였다.

업무 수행 시트의 종류
- 체크리스트 : 업무의 각 단계를 효과적으로 수행했는지 스스로 점검해 볼 수 있는 도구로, 시간의 흐름을 표현하는 데에는 한계가 있지만 업무를 세부적인 활동들로 나누고 활동별로 기대되는 수행수준을 달성했는지를 확인하는 데에는 효과적이다.
- 간트 차트 : 미국의 간트가 1919년에 창안한 작업진도 도표로, 단계별로 업무 전체 시간을 바(Bar) 형식으로 표시한 것이다. 일정을 한눈에 볼 수 있고, 단계별로 소요되는 시간과 각 업무활동 사이의 관계를 보여준다.

- 워크플로 시트 : 일의 흐름을 동적으로 보여 주는 데 효과적이다. 특히 도형을 다르게 표현함으로써 주된 작업과 부차적인 작업, 혼자 처리할 수 있는 일과 다른 사람의 협조를 필요로 하는 일, 주의해야 할 일, 컴퓨터와 같은 도구를 사용해서 할 일 등을 구분해서 표현할 수 있다.

23 정답 ①
총무 업무는 일반적으로 주주총회 및 이사회 개최 관련 업무, 의전 및 비서업무, 집기비품 및 소모품의 구입과 관리, 사무실 임차 및 관리, 차량 및 통신시설의 운영, 국내외 출장 업무 협조, 복리후생 업무, 법률자문과 소송관리, 사내외 홍보·광고업무 등이 있다.

② 인사 업무 : 조직기구의 개편 및 조정, 업무분장 및 조정, 직원 수급계획 및 관리, 직무 및 정원의 조정 종합, 노사관리, 평가관리, 상벌관리, 인사발령, 교육체계 수립 및 관리, 임금제도, 복리후생제도 및 지원업무, 복무관리, 퇴직관리 등
③ 회계 업무 : 회계제도의 유지 및 관리, 재무상태 및 경영실적 보고, 결산 관련 업무, 재무제표 분석 및 보고, 법인세, 부가가치세, 국세 지방세 업무자문 및 지원, 보험가입 및 보상업무, 고정자산 관련 업무 등
④ 기획 업무 : 경영계획 및 전략 수립, 전사기획업무 종합 및 조정, 중장기 사업계획의 종합 및 조정, 경영정보 조사 및 기획보고, 경영진단업무, 종합예산수립 및 실적관리, 단기사업계획 종합 및 조정, 사업계획, 손익추정, 실적관리 및 분석 등

24 정답 ④
생산 제품에 대한 지식은 품질관리 직무를 수행하기 위해 필요한 능력이다.

① 원가절감 활동을 하기 위해서는 원가에 대한 이해력이 있어야 한다.
② 시장조사를 하기 위해서는 각종 데이터 분석 및 가공능력이 있어야 한다.
③ 협상 및 계약을 하기 위해서는 설득능력이 있어야 한다.

25 정답 ②
제시된 모든 시간대에 전 직원의 스케줄이 비어있지 않다. 그렇다면 업무의 우선순위를 파악하여 바꿀 수 있는 스케줄을 파악하여야 한다. 10:00 ~ 11:00의 사원의 비품 신청은 타 업무에 비해 우선순위가 낮다.

① 오전 부서장 회의는 부서의 상급자들과 상위 부서장들의 회의이며, 그날의 업무를 파악하고 분배하는 자리이므로 편성하기 어렵다.
③·④ 해당 시간에 예정된 업무는 해당 인원의 단독 업무가 아니므로 단독으로 변경해 편성하기 어렵다.

26
정답 ③

집단에서 일련의 과정을 거쳐 의사가 결정되었다고 해서 최선의 결과라고 단정지을 수는 없다.

27
정답 ②

우선 박비서에게 회의 자료를 받아 와야 하므로 비서실을 들러야 한다. 다음으로 기자단 간담회는 대회 홍보 및 기자단 상대 업무를 맡은 홍보팀에서 자료를 정리할 것이므로 홍보팀을 거쳐야 하며, 승진자 인사 발표 소관 업무는 인사팀이 담당한다고 볼 수 있다. 또한 회사의 차량 배차에 관한 업무는 총무팀의 업무로 보는 것이 타당하다.

28
정답 ③

경영은 경영목적, 인적자원, 자금, 전략의 4요소로 구성된다.
ㄱ. 경영목적
ㄴ. 인적자원
ㅁ. 자금
ㅂ. 경영전략

오답분석
ㄷ. 마케팅
ㄹ. 회계

29
정답 ①

조직변화의 유형
- 제품이나 서비스 : 기존 제품이나 서비스의 문제점을 인식하고 고객의 요구에 부응하기 위한 것으로, 고객을 늘리거나 새로운 시장을 확대하기 위해서 변화된다.
- 전략이나 구조 : 조직의 경영과 관계되며, 조직구조, 경영방식, 각종 시스템 등 조직의 목적을 달성하고 효율성을 높이기 위해서 개선하는 것이다.
- 기술 : 새로운 기술이 도입이 되는 것으로 신기술이 발명되었을 때나 생산성을 높이기 위해 이루어진다.
- 문화 : 구성원들의 사고방식이나 가치체계를 변화시키는 것으로 조직의 목적과 일치시키기 위해 문화를 유도하기도 한다.

30
정답 ③

①·②·④는 전력과제에서 도출할 수 있는 추진방향이지만, ③ 국제경쟁입찰의 과열 경쟁 심화와 컨소시엄 구성 시 민간기업과 업무배분, 이윤추구성향 조율의 어려움 등은 문제점에 대한 언급이기 때문에 추진방향으로 적절하지 않다.

31
정답 ③

ㄱ 임금체계 * 성과급 : 임금체계와 성과급이 모두 포함된 문서를 검색한다.
ㄴ 임금체계 OR 성과급 : 임금체계와 성과급이 모두 포함되거나, 두 단어 중에서 하나만 포함된 문서를 검색한다.
ㄹ 임금체계 ~ 성과급 : 임금체계와 성과급이 가깝게 인접해 있는 문서를 검색한다.

오답분석
ㄷ 임금체계와 성과급이 모두 언급된 자료를 검색해야 하므로, 한 단어가 포함되지 않는 문서를 검색하는 명령어 '!'는 적절하지 않다.

32
정답 ④

제시문에서는 '응용프로그램과 데이터베이스를 독립시킴으로써 데이터를 변경시키더라도 응용프로그램은 변경되지 않는다.'고 하였다. 따라서 데이터 논리적 의존성이 아니라 데이터 논리적 독립성이 적절하다.

오답분석
① '다량의 데이터는 사용자의 질의에 대한 신속한 응답 처리를 가능하게 한다.'라는 내용이 실시간 접근성에 해당한다.
② '삽입·삭제·수정·갱신 등을 통하여 항상 최신의 데이터를 유동적으로 유지할 수 있으며'라는 내용을 통해 데이터베이스는 그 내용을 변화시키면서 계속적인 진화를 하고 있음을 알 수 있다.
③ '각 데이터를 참조할 때는 사용자가 요구하는 내용에 따라 참조가 가능함'이라는 부분에서 내용에 의한 참조임을 알 수 있다.

33
정답 ②

ㄱ. 반복적인 작업을 간단히 실행키에 기억시켜 두고 필요할 때 빠르게 바꾸어 사용하는 기능은 매크로이다.
ㄷ. 같은 내용의 편지나 안내문 등을 여러 사람에게 보낼 때 쓰이는 기능은 메일 머지이다.

34
정답 ④

(가)는 상용구 기능을, (나)는 캡션달기 기능을 설명하고 있다.

35
정답 ②

ISNONTEXT 함수는 값이 텍스트가 아닐 경우 논리값 'TRUE'를 반환한다. 제시된 시트에서 [A2] 셀의 값은 텍스트이므로 함수의 결괏값으로 'FALSE'가 산출된다.

오답분석
① ISNUMBER 함수 : 값이 숫자일 때 논리값 'TRUE'를 반환한다.
③ ISTEXT 함수 : 값이 텍스트일 때 논리값 'TRUE'를 반환한다.
④ ISEVEN 함수 : 값이 짝수이면 논리값 'TRUE'를 반환한다.

36

정답 ②

바이러스에 감염되는 경로로는 불법 무단 복제, 다른 사람들과 공동으로 사용하는 컴퓨터, 인터넷, 전자우편의 첨부파일 등이 있다.

> **바이러스를 예방할 수 있는 방법**
> • 다운로드한 파일이나 외부에서 가져온 파일은 반드시 바이러스 검사를 수행한 후에 사용한다.
> • 전자우편을 통해 감염될 수 있으므로 발신자가 불분명한 전자우편은 열어보지 않고 삭제한다.
> • 중요한 자료는 정기적으로 백업한다.
> • 바이러스 예방 프로그램을 램(RAM)에 상주시킨다.
> • 백신 프로그램의 시스템 감시 및 인터넷 감시 기능을 이용해서 바이러스를 사전에 검색한다.
> • 백신 프로그램의 업데이트를 통해 주기적으로 바이러스 검사를 수행한다.

37
정답 ③

백업은 원본이 손상되거나 잃어버릴 경우를 대비해 복사본을 만드는 과정으로, 바이러스 감염과는 관계없다.

38
정답 ④

팀명을 구하는 함수식은 「=CHOOSE(MID(B3,2,1), "홍보팀", "기획팀", "교육팀")」이다. 따라서 CHOOSE 함수와 MID 함수를 사용한다.

39
정답 ②

SUM 함수는 인수들의 합을 구할 때 사용한다.
• [B12] : 「=SUM(B2:B11)」
• [C12] : 「=SUM(C2:C11)」

오답분석
① REPT : 텍스트를 지정한 횟수만큼 반복한다.
③ AVERAGE : 인수들의 평균을 구한다.
④ CHOOSE : 인수 목록 중에서 하나를 고른다.

40
정답 ②

• MAX : 최댓값을 구한다.
• MIN : 최솟값을 구한다.

41
정답 ③

선 그래프는 시간의 경과에 따른 수량의 변화를 선의 기울기로 나타내는 그래프로, 해당 자료를 표현하기에 가장 적절하다.

오답분석
① 원 그래프 : 작성 시 정각 12시의 선을 시작선으로 하며, 이를 기점으로 하여 오른쪽으로 그리는 것이 보통이다. 또한 분할선은 구성비율이 큰 순서로 그리되, '기타' 항목은 구성비율의 크기에 관계없이 가장 뒤에 그리는 것이 일반적이다.
② 점 그래프 : 지역분포를 비롯하여 도시, 지방, 기업, 상품 등의 평가나 위치, 성격 등을 표시하는 데 주로 이용된다.
④ 꺾은선 그래프 : 시간이 흐름에 따라 변해가는 모습을 나타내는 데 많이 쓰이며, 날씨 변화, 에너지 사용 증가율, 물가의 변화 등을 나타내기에는 막대 그래프보다 꺾은선 그래프가 유용하다. 그래서 꺾은선 그래프를 읽을 때는 변화의 추이를 염두에 두고 자료를 분석하는 것이 좋다.

42
정답 ③

먼저 산정식에서 B는 0이고, C는 16이므로 극한기후 발생지수 산정식은 $\frac{A}{4}+1$로 단순화시킬 수 있다. 이를 이용하여 빈칸을 채워 넣으면 다음과 같다.

유형	폭염	한파	호우	대설	강풍
발생일수(일)	16	5	3	0	1
발생지수	5.00	$\frac{9}{4}$	$\frac{7}{4}$	1.00	$\frac{5}{4}$

대설(1.00)과 강풍$\left(\frac{5}{4}\right)$의 발생지수의 합은 $\frac{9}{4}$이므로, 호우의 발생지수 $\frac{7}{4}$보다 크다. 따라서 옳은 내용이다.

오답분석
① 발생지수가 가장 높은 것은 폭염(5.00)이므로 옳지 않은 내용이다.
② 호우의 발생지수는 $\frac{7}{4}$이므로 2.00에 미치지 못한다. 따라서 옳지 않은 내용이다.
④ 제시된 극한기후 유형별 발생지수를 모두 더하면 $(20+9+7+4+5)\div4=\frac{45}{4}$이므로, 이의 평균은 $\frac{45}{20}=\frac{9}{4}$임을 알 수 있다. 이는 3에 미치지 못하는 수치이므로 옳지 않은 내용이다.

43
정답 ①

A, B, C팀 사원 수를 각각 a, b, c명으로 가정한다. 이때 A, B, C의 총 근무만족도 점수는 각각 $80a$, $90b$, $40c$점이다. A팀과 B팀의 근무만족도, B팀과 C팀의 근무만족도에 대한 평균 점수가 제공되었으므로 해당 식을 이용하여 방정식을 세운다.
A팀과 B팀의 근무만족도 평균은 88점인 것을 이용하면 아래의 식을 얻는다.
$$\frac{80a+90b}{a+b}=88$$
$$\rightarrow 80a+90b=88a+88b$$

$$\rightarrow 2b=8a$$
$$\therefore b=4a$$

B팀과 C팀의 근무만족도 평균은 70점인 것을 이용하면 아래의 식을 얻는다.

$$\frac{90b+40c}{b+c}=70$$

$$\rightarrow 90b+40c=70b+70c$$

$$\rightarrow 20b=30c$$

$$\therefore 2b=3c$$

따라서 $2b=3c$이므로 식을 만족하기 위해서 c는 짝수여야 한다.

오답분석

② 근무만족도 평균이 가장 낮은 팀은 C팀이다.

③ B팀의 사원 수는 A팀의 사원 수의 4배이다.

④ A, B, C팀의 근무만족도 점수는 $(80a+90b+40c)$점이며, 총 사원의 수는 $(a+b+c)$명이다. 이때, b와 c를 a로 정리하여 표현하면 세 팀의 총 근무만족도 점수 평균은

$$\frac{80a+90b+40c}{a+b+c}=\frac{80a+360a+\frac{320}{3}c}{a+4a+\frac{8}{3}a}$$

$$=\frac{240a+1{,}080a+320a}{3a+12a+8a}=\frac{1{,}640a}{23a}\fallingdotseq 71.3점이다.$$

44 정답 ④

분석대상자 수와 진단율을 곱하여 천식 진단을 받은 학생 수를 구하면 다음과 같다.

구분	남학생	여학생
중1	$5{,}178\times0.091\fallingdotseq471$명	$5{,}011\times0.067\fallingdotseq335$명
중2	$5{,}272\times0.108\fallingdotseq569$명	$5{,}105\times0.076\fallingdotseq387$명
중3	$5{,}202\times0.102\fallingdotseq530$명	$5{,}117\times0.085\fallingdotseq434$명
고1	$5{,}069\times0.104\fallingdotseq527$명	$5{,}096\times0.076\fallingdotseq387$명
고2	$5{,}610\times0.098\fallingdotseq549$명	$5{,}190\times0.082\fallingdotseq425$명
고3	$5{,}293\times0.087\fallingdotseq460$명	$5{,}133\times0.076\fallingdotseq390$명

따라서 천식 진단을 받은 여학생의 수는 중·고등학교 모두 남학생보다 적다.

오답분석

① 중3 남학생과 고1 남학생, 고3 남학생, 고1 여학생, 고3 여학생은 전년 대비 감소했으므로 옳지 않다.

② 자료는 분석대상자 수만을 나타낸 것이므로 학년별 남학생, 여학생 수는 비교할 수 없다.

③ 고등학교 때도 남학생의 천식 진단율이 높다.

45 정답 ①

주어진 자료를 분석하면 다음과 같다.

생산량(개)	0	1	2	3	4	5
총 판매수입 (만 원)	0	7	14	21	28	35
총 생산비용 (만 원)	5	9	12	17	24	33
이윤(만 원)	-5	-2	$+2$	$+4$	$+4$	$+2$

ㄱ. 2개와 5개를 생산할 때의 이윤은 $+2$로 동일하다.

ㄴ. 이윤은 생산량 3개와 4개에서 $+4$로 가장 크지만, 최대 생산량을 묻고 있으므로, 극대화할 수 있는 최대 생산량은 4개이다.

오답분석

ㄷ. 생산량을 4개에서 5개로 늘리면 이윤은 4만 원에서 2만 원으로 감소한다.

ㄹ. 1개를 생산하면 -2만 원이지만, 생산하지 않을 때는 -5만 원이다.

46 정답 ④

원통형 기둥 윗면의 넓이는 $\pi r^2=3\times\left(\frac{0.8}{2}\right)^2=0.48\text{m}^2$($r$은 원의 반지름), 옆면은 $2\pi rl=2\times3\times0.4\times1=2.4\text{m}^2$($l$은 원기둥의 높이)이다. 따라서 페인트칠에 들어가는 총비용은 $(0.48\times10$만$)+(2.4\times7$만$)=4.8$만$+16.8$만$=21.6$만 원$(=216{,}000)$이다.

47 정답 ③

7월과 9월에는 COD가 DO보다 많았다.

오답분석

① 자료를 통해 확인할 수 있다.

② DO는 4월에 가장 많았고, 9월에 가장 적었다. 이때의 차는 $12.1-6.4=5.7\text{mg/L}$이다.

④ 7월 BOD의 양은 2.2mg/L이고, 12월 BOD의 양은 1.4mg/L이다. 7월 대비 12월 소양강댐의 BOD 증감률은 $\frac{1.4-2.2}{2.2}\times100\fallingdotseq-36.36$이다. 따라서 7월 대비 12월 소양강댐의 BOD 감소율은 30% 이상이다.

48

제시된 그래프에서 선의 기울기가 가파른 구간은 2015 ~ 2016년, 2016 ~ 2017년, 2019 ~ 2020년이다. 2016년, 2017년, 2020년 물이용부담금 총액의 전년 대비 증가폭을 구하면 다음과 같다.

• 2016년 : 6,631−6,166=465억 원
• 2017년 : 7,171−6,631=540억 원
• 2020년 : 8,108−7,563=545억 원

따라서 물이용부담금 총액이 전년 대비 가장 많이 증가한 해는 2020년이다.

오답분석

㉠ 제시된 자료를 통해 확인할 수 있다.

㉢ 2024년 금강유역 물이용부담금 총액

: 8,661×0.2=1,732.2억 원

∴ 2024년 금강유역에서 사용한 물의 양

: 1,732.2억 원÷160원/m^3 ≒ 10.83억m^3

㉣ 2024년 물이용부담금 총액의 전년 대비 증가율

: $\dfrac{8,661-8,377}{8,377}\times100$ ≒ 3.39%

49

C안이 추가로 받을 표를 x표라고 하자. 총 50명의 직원 중 21(= 50−15−8−6)명이 아직 투표를 하지 않았으므로 $x \leq 21$이다. C안에 추가로 투표할 인원을 제외한 $(21-x)$명이 개표 중간 결과에서 가장 많은 표를 받은 A안에 투표한 수보다 C안의 표가 더 많아야 한다.

15+(21−x)<6+x

→ 30<2x

∴ 15<x

따라서 A, B안의 득표수와 상관없이 C안이 선정되려면 최소 16표가 더 필요하다.

50

남녀 국회의원의 여야별 SNS 이용자 구성비 중 여자의 경우 여당이 (22÷38)×100 ≒ 57.9%이고, 야당은 (16÷38)×100 ≒ 42.1%이므로 잘못된 그래프이다.

오답분석

① 국회의원의 여야별 SNS 이용자 수는 각각 145명, 85명이다.

③ 야당 국회의원의 당선 횟수별 SNS 이용자 구성비는 85명 중 초선 36명, 2선 28명, 3선 14명, 4선 이상 7명이므로 각각 계산해보면 42.4%, 32.9%, 16.5%, 8.2%이다.

④ 2선 이상 국회의원의 정당별 SNS 이용자는 A당 63명, B당 44명, C당 5명이다.

4일 차 기출응용 모의고사 정답 및 해설

01	02	03	04	05	06	07	08	09	10
①	③	④	①	④	③	④	②	①	③
11	12	13	14	15	16	17	18	19	20
②	③	③	③	③	④	③	①	④	③
21	22	23	24	25	26	27	28	29	30
②	②	④	④	④	①	④	②	④	③
31	32	33	34	35	36	37	38	39	40
③	④	②	①	③	④	④	②	③	④
41	42	43	44	45	46	47	48	49	50
①	③	④	②	③	②	④	①	④	②

01

정답 ①

제시문의 논지는 자신의 인지 능력이 다른 도구로 인해 보완되는 경우, 그 보강된 인지 능력도 자신의 것이라는 입장이다. 그런데 ①은 메모라는 다른 도구로 기억력을 보완했다고 하더라도 그것이 자신의 인지 능력이 향상된 것으로 볼 수 없다는 의미이므로, 제시문의 논지를 반박한다고 볼 수 있다.

오답분석

② 종이와 연필은 인지 능력을 보완하는 것이 아니라 두뇌에서 일어나는 판단을 시각적으로 드러내 보이는 것에 불과하여 인지 능력 자체에 어떤 영향을 미친다고 보기 어렵다. 따라서 제시문의 논지와는 무관하다.

③ 원격으로 접속하여 스마트폰의 정보를 알아낼 수 있다는 것은 단순히 원격 접속의 도움을 받았다는 것일 뿐 이것과 인지 능력의 변화 여부는 무관하다.

④ 제시문의 내용은 스마트폰의 기능으로 인한 인지 능력의 향상을 사용자의 능력향상으로 볼 수 있느냐에 대한 것이다. 따라서 스마트폰의 기능이 두뇌의 밖에 있는지 안에 있는지의 여부와는 무관하다.

02

정답 ③

상대방을 질책해야 할 때는 칭찬을 먼저 하고 질책을 한 다음에 격려의 말을 해야 한다. ㄹ의 경우에는 질책 – 칭찬 – 격려 순으로 구성되어 잘못된 의사표현법에 해당한다.

오답분석

ㄱ. 충고를 하면서 비유법을 활용하고 있다.

ㄴ·ㄷ. 잘못된 부분을 돌려 말하지 않고 확실하게 지적하고 있다.

ㅁ. 칭찬을 먼저 하고 질책을 한 다음, 마지막으로 격려의 말을 하고 있다.

03

정답 ④

현존하는 가장 오래된 실록은 전주에 전주 사고에 보관되어 있던 것으로, 강화도 마니산에 봉안되었다가 1936년 병자호란에 의해 훼손된 것을 현종 때 보수하여 숙종 때 강화도 정족산에 다시 봉안했다가 현재 서울대학교에서 보관하고 있다.

오답분석

① 원본을 포함해 모두 5벌의 실록을 갖추게 되었으므로 재인쇄하였던 실록은 모두 4벌이다.

② 태백산에 보관하던 실록은 조선총독부로 이관되었다가 1930년에 경성제국대학으로 옮겨져 지금까지 서울대학교에 보존되어 있다.

③ 현재 한반도에 남아 있는 실록은 강원도 태백산, 강화도 정족산, 장서각의 것으로 모두 3벌이다.

04

정답 ①

제시문에서는 조상형 동물의 몸집이 커지면서 호흡의 필요성에 따라 아가미가 생겨났고, 호흡계 일부가 변형된 허파는 식도 아래쪽으로 생성되었으며, 이후 폐어 단계에서 척추동물로 진화하면서 호흡계와 소화계가 겹친 부위가 분리되기 시작하여 결국 하나의 교차점을 남기면서 인간의 음식물로 인한 질식 현상과 같은 단점을 남겼다고 설명하고 있다. 또한 마지막 문장에서 이러한 과정이 '당시에는 최선의 선택'이었다고 설명하고 있으므로, 진화가 순간순간에 필요한 대응일 뿐 최상의 결과를 내는 과정이 아님을 알 수 있다.

05 정답 ④

제시문과 ④의 '받다'는 '다른 사람이나 대상이 가하는 행동, 심리적인 작용 따위를 당하거나 입다.'의 의미이다.

오답분석
① 사람을 맞아들이다.
② 다른 사람의 어리광, 주정 따위에 무조건 응하다.
③ 점수나 학위 따위를 따다.

06 정답 ③

정부에서 고창 갯벌을 습지보호지역으로 지정 고시한 사실을 알리는 (나) → 고창 갯벌의 상황을 밝히는 (가) → 습지보호지역으로 지정 고시된 이후에 달라진 내용을 언급하는 (라) → 앞으로의 계획을 밝히는 (다) 순서가 적절하다.

07 정답 ④

제시문에서 '멋'은 파격이면서 동시에 보편적이고 일반적인 기준을 벗어나지 않아야 함을 강조하고 있다. 따라서 멋은 사회적인 관계에서 생겨나는 것이라는 결론을 유추할 수 있다.

08 정답 ②

해수에 비브리오패혈증균이 있을 수 있으니 해수로 씻으면 안 된다.

오답분석
① 간 질환자의 경우 고위험군에 해당하므로 충분히 가열 후 먹는 것이 좋다.
③ 급성 발열과 오한, 복통, 구토, 설사 등은 비브리오패혈증의 증상이다.
④ 어패류를 요리한 도마, 칼 등은 소독 후 사용해야 한다.

09 정답 ①

①의 경우 계획적이고 순차적으로 업무를 수행하므로 효율적인 업무 수행을 하고 있다.

오답분석
② 다른 사람의 업무에 지나칠 정도로 책임감을 느끼며 괴로워하는 B대리는 '배려적 일중독자'에 해당한다.
③ 음식을 과다 섭취하는 폭식처럼 일을 한 번에 몰아서 하는 C주임은 '폭식적 일중독자'에 해당한다.
④ 휴일이나 주말에도 일을 놓지 못하는 D사원은 '지속적인 일중독자'에 해당한다.

10 정답 ③

두 번째 문단에서 전통의 유지와 변화에 대한 견해 차이는 보수주의와 진보주의의 차이로 이해될 성질의 것이 아니며, 한국 사회의 근대화는 앞으로도 계속되어야 할 광범하고 심대한 '사회 구조적 변동'이라고 하였다. 또한 마지막 문단에서 '근대화라고 하는 사회 구조적 변동이 문화 변화를 결정지을 것이기 때문'이라고 하였으므로 전통문화의 변화 문제를 '사회 변동의 시각'에서 다루는 것이 적절하다.

11 정답 ②

시공업체 선정 기준에 따라 시공규모가 500억 원 이하인 B업체와 입찰가격이 80억 원 이상인 E업체는 선정되지 않는다.
점수 산정 기준에 따라 D업체와 F업체의 항목별 점수를 정리하면 다음과 같다.

업체	기술 점수	친환경 점수	경영 점수	합계
D	30점	15점	30점	75점
F	15점	20점	30점	65점

따라서 선정될 업체는 입찰점수가 더 높은 D업체이다.

12 정답 ③

변경된 시공업체 선정 기준에 따라 시공규모가 400억 원 이하인 B업체를 제외하고, 나머지 업체들의 항목별 점수를 정리하면 다음과 같다.

업체	기술 점수	친환경 점수	경영 점수	가격 점수	합계
A	30점	25점	26점	8×2=16점	97점
C	15점	15점	22점	15×2=30점	82점
D	30점	15점	30점	12×2=24점	99점
E	20점	25점	26점	8×2=16점	87점
F	15점	20점	30점	12×2=24점	89점

따라서 입찰점수가 99점으로 가장 높은 D업체가 선정된다.

13 정답 ③

연역법의 오류는 'A=B, B=C, so A=C'와 같은 삼단 논법에서 발생하는 오류를 의미한다.
'이현수 대리(A)는 기획팀(B)을 대표하는 인재인데(A=B), 이런 실수(C)를 하다니(A=C) 기획팀이 하는 업무는 모두 실수투성일 것이 분명할 것(B=C)'이라는 말은 'A=B, A=C, so B=C'와 같은 삼단 논법에서 발생하는 오류인 연역법의 오류에 해당한다.

오답분석
① 권위나 인신공격에 의존한 논증 : 위대한 성인이나 유명한 사람의 말을 활용해 자신의 주장을 합리화하거나 상대방의 주장이 아니라 상대방의 인격을 공격하는 것이다.
② 애매성의 오류 : 언어적 애매함으로 인해 이후 주장이 논리적 오류에 빠지는 경우이다.
④ 허수아비 공격의 오류 : 상대방의 주장과는 전혀 상관없는 별개의 논리를 만들어 공격하는 경우이다.

14
정답 ③

기존 커피믹스가 잘 팔리고 있어 새로운 것에 도전하지 않는 것으로 보인다. 또한 기존에 가지고 있는 커피를 기준으로 틀에 갇혀 블랙커피 커피믹스는 만들기 어렵다는 부정적인 시선으로 보고 있기 때문에 '발상의 전환'이 필요하다.

오답분석

① 전략적 사고 : 지금 당면하고 있는 문제와 해결 방법에만 국한되어 있지 말고, 상위 시스템 및 다른 문제와 관련이 있는지 생각해 봐야 한다.
② 분석적 사고 : 전체를 각각의 요소로 나누어 그 요소의 의미를 도출한 다음 우선순위를 부여하고 구체적인 문제해결 방법을 실행하는 것이다.
④ 내·외부자원의 효과적 활용 : 문제해결 시 기술·재료·방법·사람 등 필요한 자원 확보 계획을 수립하고, 내·외부자원을 활용하는 것을 말한다.

15
정답 ③

예술성은 창의적 사고와 관련이 있으며, 비판적 사고를 개발하기 위해서는 감정적이고 주관적인 요소를 배제하여야 한다.

오답분석

① 체계성 : 결론에 이르기까지 논리적 일관성을 유지하여 논의하고 있는 문제의 핵심에서 벗어나지 않도록 한다.
② 결단성 : 모든 필요한 정보가 획득될 때까지 불필요한 논증을 피하고 모든 결정을 유보하며, 증거가 타당할 때 결론을 맺어야 한다.
④ 지적 호기심 : 여러 가지 다양한 질문이나 문제에 대한 해답을 탐색하고 사건의 원인과 설명을 구하기 위해 왜, 언제, 누가, 어떻게 등에 관한 질문을 제기해야 한다.

16
정답 ④

• 1단계 : 주민등록번호 앞 12자리 숫자에 가중치를 곱하면 다음과 같다.

숫자	가중치	(숫자)×(가중치)
2	2	4
4	3	12
0	4	0
2	5	10
0	6	0
2	7	14
8	8	64
0	9	0
3	2	6
7	3	21
0	4	0
1	5	5

• 2단계 : 1단계에서 구한 값을 합하면
$4+12+0+10+0+14+64+0+6+21+0+5=136$
• 3단계 : 2단계에서 구한 값을 11로 나누어 나머지를 구하면
$136 \div 11 = 12 \cdots 4$
즉, 나머지는 4이다.
• 4단계 : 11에서 나머지를 뺀 수는 $11-4=7$이다. 7을 10으로 나누면
$7 \div 10 = 0 \cdots 7$
따라서 빈칸에 들어갈 수는 7이다.

17
정답 ③

ㄱ. '다' 카드를 활용해 9와 1이 적힌 낱말퍼즐 조각을 바꾸고, '가' 카드를 이용해 3과 11이 적힌 낱말퍼즐 조각을 바꾸면 가로로 'BEAR'라는 단어를 만들 수 있다.
ㄷ. '가' 카드를 활용하여 5와 13이 적힌 낱말퍼즐 조각을 바꾸고, '나' 카드를 활용하여 6과 11이 적힌 낱말퍼즐 조각을 바꾸면 가로로 'COLD'라는 단어를 만들 수 있다.

오답분석

ㄴ. 2와 9가 적힌 낱말퍼즐 조각을 바꿀 수 있는 카드 조건이 없으며, 낱말퍼즐 조각들을 3번 자리 바꿈을 하는 것도 규칙에 어긋난다.

18
정답 ①

'PLAY'라는 단어를 만들기 가장 쉬운 줄은 위에서부터 두 번째 가로줄이다. 하지만 이 경우에도 Y, L, A를 모두 이동시켜야 하므로 최소 3번의 자리 바꿈이 필요하다. 따라서 불가능하다.

오답분석

ㄴ. 3번째 게임 규칙에 따르면 카드 2장을 모두 사용할 필요는 없다. 따라서 '가' 카드는 사용하지 않고, '마' 카드를 이용해 11과 12가 적힌 낱말퍼즐 조각을 맞바꾸면 가로로 'XERO'라는 단어를 만들 수 있다.
ㄷ. '라' 카드를 활용하여 5와 13의 낱말퍼즐 조각을 맞바꾸고, '마' 카드를 활용하여 6과 11의 낱말퍼즐 조각을 맞바꾸면 가로로 'COLD'라는 단어를 만들 수 있다.

19
정답 ④

12시 방향에 앉아 있는 서울 대표를 기준으로 각 지역 대표를 시계 방향으로 배열하면 '서울 - 대구 - 춘천 - 경인 - 부산 - 광주 - 대전 - 속초'이다. 따라서 경인 대표와 마주보고 있는 사람은 속초 대표이다.

20

정답 ③

다음 논리 순서에 따라 주어진 조건을 정리하면 쉽게 접근할 수 있다.

- 여섯 번째, 여덟 번째 조건 : G는 첫 번째 자리에 앉는다.
- 일곱 번째 조건 : C는 세 번째 자리에 앉는다.
- 네 번째, 다섯 번째 조건 : 만약 A와 B가 네 번째, 여섯 번째 또는 다섯 번째, 일곱 번째 자리에 앉으면, D와 F는 나란히 앉을 수 없다. 따라서 A와 B는 두 번째, 네 번째 자리에 앉는다. 이때, 남은 자리는 다섯, 여섯, 일곱 번째 자리이므로, D와 F는 다섯, 여섯 번째 또는 여섯, 일곱 번째 자리에 앉게 되고, 나머지 한 자리에 E가 앉는다.

이 사실을 종합하여 주어진 조건을 표로 정리하면 다음과 같다.

구분	첫 번째	두 번째	세 번째	네 번째	다섯 번째	여섯 번째	일곱 번째
경우 1	G	A	C	B	D	F	E
경우 2	G	A	C	B	F	D	E
경우 3	G	A	C	B	E	D	F
경우 4	G	A	C	B	E	F	D
경우 5	G	B	C	A	D	F	E
경우 6	G	B	C	A	F	D	E
경우 7	G	B	C	A	E	D	F
경우 8	G	B	C	A	E	F	D

따라서 C의 양옆에는 항상 A와 B가 앉는다.

오답분석

① 조건에서 D와 F는 나란히 앉는다고 하였다.
② · ④ 경우 4, 8인 때에만 성립한다.

21

정답 ②

경영활동은 조직의 효과성을 높이기 위해 총수입 극대화, 총비용 극소화를 통해 이윤을 창출하는 외부경영활동과 조직내부에서 인적, 물적 자원 및 생산기술을 관리하는 내부경영활동으로 구분할 수 있다. 인도네시아 현지 시장의 규율을 조사하는 것은 시장진출을 준비하는 과정으로, 외부경영활동에 해당된다.

오답분석

① 추후 진출 예정인 인도네시아 시장 고객들의 성향을 미리 파악하는 것은 외부경영활동이다.
③ 내부 엔진 조립 공정을 개선하면 생산성을 증가시킬 수 있다는 피드백에 따라 이를 위한 기술개발에 투자하는 것은 생산관리로, 내부경영활동에 해당된다.

④ 다수의 직원들이 유연근무제를 원한다는 설문조사 결과에 따라 유연근무제의 일환인 탄력근무제를 도입하여 능률적으로 인력을 관리하는 것은 내부경영활동에 해당한다.

22

정답 ②

기업 내 직급 · 호칭 파괴 제도가 실패한 원인

- 호칭만으로 상명하복 조직문화 개선이 어렵기 때문
- 불명확한 책임소재로 업무상 비효율적이기 때문
- 승진 등 직원들의 성취동기가 사라지기 때문
- 조직력을 발휘하는 데 걸림돌이 될 것 같기 때문
- 신속한 의사결정이 오히려 힘들기 때문

23

정답 ④

교육 내용은 R&D 정책, 사업 제안서, 지식 재산권 등 모두 R&D 사업과 관련된 내용이다. 따라서 기상산업 R&D 사업관리를 총괄하는 산업연구지원실이 교육 내용과 가장 관련이 높은 부서이다.

오답분석

② 기반연구지원실은 R&D의 규정 및 지침 등의 제도관리로 R&D 사업에 대한 교육 내용과 관련이 없다.

24

정답 ④

항만기상관측장비 유지보수 · 관리 용역에 대한 입찰이기 때문에 기상관측장비 구매 · 유지보수 관련 수행 업무를 하는 장비사업팀과 가장 관련이 높다.

오답분석

① 장비검정팀은 지상기상관측장비 유지보수 관리, 기상장비 실내검정 등의 업무를 수행하기 때문에 직업 입찰 공고문을 내는 것은 장비사업팀보다 관련이 없다.

25

정답 ④

제시된 시장 조사 결과 보고서를 보면 소비자의 건강에 대한 관심이 커지고 있어 가격보다는 제품의 기능을 중시해야 하고, 취급 점포를 체계적으로 관리하며 상품의 가격을 조절해야 할 필요성이 나타나고 있다. 따라서 ㄴ, ㄹ의 마케팅 전략을 구사하는 것이 적절하다.

26

정답 ①

베트남 사람들은 매장에 직접 방문해서 구입하는 것을 더 선호하므로 인터넷, TV 광고와 같은 간접적인 방법의 홍보를 활성화하는 것은 신사업 전략으로 옳지 않다.

27 정답 ④

비품은 기관의 비품이나 차량 등을 관리하는 총무지원실에 신청해야 하며, 교육 일정은 사내 직원의 교육 업무를 담당하는 인사혁신실에서 확인해야 한다.

오답분석

기획조정실은 전반적인 조직 경영과 조직문화 형성, 예산 업무, 이사회, 국회 협력 업무, 법무 관련 업무를 담당한다.

28 정답 ②

경영활동을 구성하는 요소는 경영목적, 인적자원, 자금, 경영전략이다. (나)의 경우와 같이 봉사활동을 수행하는 일은 목적과 인적자원, 자금 등이 필요한 일이지만, 정해진 목표를 달성하기 위한 조직의 관리, 전략, 운영 활동이라고 볼 수 없으므로 경영활동이 아니다.

29 정답 ④

문제 발생의 원인은 회의내용에서 알 수 있는 내용이다.

오답분석

① 회의에 참가한 인원이 6명일 뿐 조직의 인원은 회의록을 통해 알 수 없다.
② 회의 참석자는 생산팀 2명, 연구팀 2명, 마케팅팀 2명으로 총 6명이다.
③ 마케팅팀에서 제품을 전격 회수하고, 연구팀에서 유해성분을 조사하기로 했다.

30 정답 ③

제시된 사례의 쟁점은 재고 처리이며, 여기서 김봉구 씨는 W사에 대하여 경쟁전략(강압전략)을 사용하고 있다. 강압전략은 'Win-Lose' 전략이다. 즉, 내가 승리하기 위해서 당신은 희생되어야 한다는 전략인 'I Win, You Lose' 전략이다. 명시적 또는 묵시적으로 강압적 위협이나 강압적 설득, 처벌 등의 방법으로 상대방을 굴복시키거나 순응시킨다. 자신의 주장을 확실하게 상대방에게 제시하고 상대방에게 이를 수용하지 않으면 보복이 있을 것이며 협상이 결렬될 것이라는 등의 위협을 가하는 것이다. 즉, 강압전략은 일방적인 의사소통으로 일방적인 양보를 받아내려는 것이다.

31 정답 ③

SUMIF는 조건을 만족하는 경우의 합을 구하는 함수로, 판매 금액을 10,000원 이상만 모아서 따로 합계를 구하고 싶을 때 사용할 수 있는 함수식은 「=SUMIF(D4:D13, ">=10,000")」이다.

오답분석

④ SUMIFS 함수는 주어진 조건에 따라 지정되는 셀을 더한다.

32 정답 ④

- (가) 자료(Data) : 정보 작성을 위하여 필요한 데이터를 말하는 것으로, 이는 '아직 특정의 목적에 대하여 평가되지 않은 상태의 숫자나 문자들의 단순한 나열'을 뜻한다.
- (나) 정보(Information) : 자료를 일정한 프로그램에 따라 처리 · 가공함으로써 '특정한 목적을 달성하는 데 필요하거나 특정한 의미를 가진 것으로 다시 생산된 것'을 뜻한다.
- (다) 지식(Knowledge) : '특정한 목적을 달성하기 위해 과학적 또는 이론적으로 추상화되거나 정립되어 있는 일반화된 정보'를 뜻하는 것으로, 어떤 대상에 대하여 원리적 · 통일적으로 조직되어 객관적 타당성을 요구할 수 있는 판단의 체계를 제시한다.

33 정답 ②

VLOOKUP은 목록 범위의 첫 번째 열에서 세로 방향으로 검색하면서 원하는 값을 추출하는 함수이고, HLOOKUP은 목록 범위의 첫 번째 행에서 가로방향으로 검색하면서 원하는 값을 추출하는 함수이다. 즉, 첫 번째 열에 있는 '박지성'의 결석값을 찾아야 하므로 VLOOKUP 함수를 이용해야 한다. VLOOKUP 함수의 형식은 「=VLOOKUP(찾을 값, 범위, 열 번호, 찾기 옵션)」이다. 범위는 절대참조로 지정해줘야 하며, 근사값을 찾고자 할 경우 찾기 옵션에 1 또는 TRUE를 입력하고 정확히 일치하는 값을 찾고자 할 경우 0 또는 FALSE를 입력해야 한다. 따라서 '박지성'의 결석 값을 찾기 위한 함수식은 「=VLOOKUP("박지성", $A$3:$D$5, 4, 0)」이다.

34 정답 ①

DCOUNT 함수는 범위에서 조건에 맞는 레코드 필드 열에 수치 데이터가 있는 셀의 개수를 계산하는 함수로, 「=(DCOUNT(목록 범위, 목록의 열 위치, 조건 범위)」로 구성된다. [E2] 셀에 입력한 「=DCOUNT(A1:C9, 2, A12:B14)」 함수를 볼 때, [A1:C9] 목록 범위의 두 번째 열은 수치 데이터가 없으므로 결괏값은 0이 산출된다.

35 정답 ③

오답분석

(가) 자간에 대한 설명이다.
(다) 스크롤바로 화면을 상 · 하 · 좌 · 우 모두 이동할 수 있다.

36 정답 ④

Windows에서 현재 사용하고 있는 창을 닫을 때는 〈Ctrl〉+〈W〉를 눌러야 한다.

37
정답 ④

데이터 유효성 검사에서 제한 대상을 목록으로 설정을 했을 경우, 드롭다운 목록의 너비는 데이터 유효성 설정이 있는 셀의 너비에 의해 결정된다.

38
정답 ②

[A1:A2] 영역을 채운 뒤 아래로 드래그하면 '월요일 – 수요일 – 금요일 – 일요일 – 화요일' 순서로 입력된다.

39
정답 ③

'$'를 입력하면 절대참조이므로 위치가 변하지 않고, 입력하지 않으면 상대참조이므로 위치가 변한다. 「$A$1」은 A열 1행 고정이며, 「$A2」는 A열은 고정이지만 행은 위치가 변한다. [A7] 셀을 복사하여 [C8] 셀에 붙여넣기를 하면 열이 오른쪽으로 2칸 움직였지만 고정이므로 위치가 변하지 않고, 행이 7에서 8로 1행만큼 이동하였기 때문에 「=$A$1+$A3」이 [C8] 셀이 된다. 따라서 1+3=4이다.

40
정답 ④

「=SMALL(B3:B9,2)」은 [B3:B9] 범위에서 2번째로 작은 값을 구하는 함수이므로 7이 출력된다. 「=MATCH(7,B3:B9,0)」는 [B3:B9] 범위에서 7의 위치 값을 나타내므로 값은 4가 나온다. 따라서 「=INDEX(A3:E9,4,5)」의 결괏값은 [A3:E9]의 범위에서 4행, 5열에 위치한 대전이다.

41
정답 ①

김진주의 점수를 ㉠, 박한열의 점수를 ㉡, 최성우의 점수를 ㉢, 정민우의 점수를 ㉣이라고 하면
i) ㉠=22
ii) ㉢+㉣=22
iii) ㉡=22−5=17
iv) ㉢−㉣=㉠−㉡+1=6
ii)와 iv)를 연립하면, ㉣=8이 된다.
따라서 김진주와 정민우의 점수의 합은 22+8=30점이다.

42
정답 ③

검산이란 연산의 결과를 확인하는 과정을 의미하며, 제시된 검산법은 구거법이다. 구거법이란 원래의 수와 각 자릿수의 합이 9로 나눈 나머지와 같다는 원리를 이용하는 것으로, 각 수를 9로 나눈 나머지를 계산해서 좌변과 우변의 9로 나눈 나머지가 같은지 확인하는 방법이다.

① 역연산 : 본래의 풀이와 반대로 연산을 해가면서 본래의 답이 맞는지를 확인해 나가는 검산법으로, 덧셈은 뺄셈으로, 뺄셈은 덧셈으로, 곱셈은 나눗셈으로, 나눗셈은 곱셈으로 확인한다.
② 단위환산 : 서로 다른 단위를 포함하는 계산을 동등한 양을 가진 단위로 바꾸는 것이다.
④ 사칙연산 : 수에 관한 덧셈, 뺄셈, 곱셈, 나눗셈의 네 종류의 계산법으로, 사칙계산이라고도 한다.

43
정답 ④

평균 근속연수는 2019년 이후 지속적으로 감소하고 있으며, 남성 직원이 여성 직원보다 재직기간이 길다.

① 기본급은 2022년에 전년 대비 감소하였다.
② 2024년에는 남성 직원과 여성 직원의 1인당 평균 보수액이 같다.
③ 전체 종업원 수는 2020년 이후 지속적으로 늘고 있으며, 2024년 여성 직원의 비율은 전체 상시 종업원 580명 중 213명으로 약 37%로 32%가 넘는다.

44
정답 ②

원 그래프는 일반적으로 내역이나 내용의 구성비를 원을 분할하여 나타낸다.

① 방사형 그래프 : 원 그래프의 일종으로 레이더 차트, 거미줄 그래프라고도 한다. 비교하는 수량을 직경, 또는 반경으로 나누어 원의 중심에서의 거리에 따라 각 수량의 관계를 나타내는 그래프로, 대표적으로 비교하거나 경과를 나타내는 용도로 사용한다.
③ 막대 그래프 : 비교하고자 하는 수량을 막대 길이로 표시하고 그 길이를 비교하여 각 수량 간의 대소 관계를 나타내는 것이다. 가장 간단한 형태로, 선 그래프와 같이 각종 그래프의 기본을 이루며 내역·비교·경과·도수 등을 표시하는 용도로 사용한다.
④ 선 그래프 : 시간의 경과에 따른 수량의 변화를 절선의 기울기로 나타내는 그래프로, 주로 경과·비교·분포(도수·곡선 그래프)를 비롯하여 상관관계(상관선 그래프·회귀선) 등을 나타낼 때 사용한다.

45 정답 ③

[가로]
1. $28,000+(100-47)=28,053$

[세로]
2. $7,200 \times (1-0.57)=3,096$
3. $(8,155 \times 0.717)-(1,025 \times 0.7) ≒ 5,130$
4. $8,695+(8,478 \times 0.617)-(100-46.9) ≒ 13,873$

즉, ㉠ 9, ㉡ 1, ⓐ 5, ⓑ 8이다.

$\therefore$ ㉠+㉡-ⓐ×ⓑ$=9+1-5 \times 8 = -30$

46 정답 ②

1인당 GDP 순위는 E>C>B>A>D이다. 그런데 1인당 GDP가 가장 큰 E국은 1인당 GDP가 2위인 C국보다 1% 정도밖에 높지 않은 반면, 인구는 C국의 $\frac{1}{10}$ 이하이므로 총 GDP 역시 C국보다 작다. 따라서 1인당 GDP 순위와 총 GDP 순위는 일치하지 않는다.

오답분석

① 경제성장률이 가장 큰 나라는 D국이며, 1인당 GDP와 총인구를 고려하면 D국의 총 GDP가 가장 작은 것을 알 수 있다.
③ 수출 및 수입 규모에 따른 순위는 C>B>A>D>E이므로 서로 일치한다.
④ A국의 총 GDP는 $27,214 \times 50.6=1,377,028.4$백만 달러, E국의 총 GDP는 $56,328 \times 24.0=1,351,872$백만 달러이므로 A국의 총 GDP가 더 크다.

47 정답 ④

일본의 R&D 투자 총액은 1,508억 달러이며, 이는 GDP의 3.44% 이므로 $3.44=\frac{1,508}{(\text{GDP 총액})} \times 100$이다.

따라서 일본의 GDP 총액은 $\frac{1,508}{0.0344} ≒ 43,837$억 달러이다.

48 정답 ①

문제에서 제시된 조건을 정리하면 다음과 같다.

(단위 : 명)

구분	남성	여성	합계
운전 가능	36	24	60
운전 불가능	4	36	40
합계	40	60	100

여성으로만 이루어진 팀의 수를 최소화하려면 남성과 여성으로 이루어진 팀의 수는 최대가 되어야 한다.

먼저 운전을 할 수 없는 남성과 운전을 할 수 있는 여성을 짝지어 주면 운전을 할 수 있는 여성은 20명이 남게 된다. 운전을 할 수 있는 남성과 운전을 할 수 없는 여성은 둘 다 36명으로, 36개의 남성 – 여성 팀을 편성할 수 있다.

따라서 여성 – 여성으로 이루어진 팀은 최소 10팀이다.

49 정답 ④

2021년 강수량의 총합은 1,529.7mm이고, 2022년 강수량의 총합은 1,122.7mm이다.

따라서 전년 대비 강수량의 변화를 구하면 2022년이 $1,529.7-1,122.7=407$mm로 가장 변화량이 크다.

오답분석

① 조사기간 내 가을철 평균 강수량은 $\frac{1,919.9}{8} ≒ 240$mm이다.
② 여름철 강수량이 두 번째로 높았던 해는 2021년이다. 2021년의 가을·겨울철 강수량의 합은 502.6mm이고, 봄철 강수량은 256.5mm이다. 따라서 $256.5 \times 2=513$mm이므로 봄철 강수량의 2배 미만이다.
③ 강수량이 제일 낮은 해는 2024년이지만, 가뭄의 기준이 제시되지 않았으므로 알 수 없다.

50 정답 ②

원 중심에서 멀어질수록 점수가 높아지는데, B국의 경우 수비보다 미드필드가 원 중심에서 먼 곳에 표시가 되어 있으므로 B국은 수비보다 미드필드에서의 능력이 뛰어남을 알 수 있다.

해양환경공단 NCS 답안카드

성 명

지원 분야

문제지 형별기재란

( )형   Ⓐ Ⓑ

수험번호

감독위원 확인

인

문번	1	2	3	4
1	①	②	③	④
2	①	②	③	④
3	①	②	③	④
4	①	②	③	④
5	①	②	③	④
6	①	②	③	④
7	①	②	③	④
8	①	②	③	④
9	①	②	③	④
10	①	②	③	④
11	①	②	③	④
12	①	②	③	④
13	①	②	③	④
14	①	②	③	④
15	①	②	③	④
16	①	②	③	④
17	①	②	③	④
18	①	②	③	④
19	①	②	③	④
20	①	②	③	④

문번	1	2	3	4
21	①	②	③	④
22	①	②	③	④
23	①	②	③	④
24	①	②	③	④
25	①	②	③	④
26	①	②	③	④
27	①	②	③	④
28	①	②	③	④
29	①	②	③	④
30	①	②	③	④
31	①	②	③	④
32	①	②	③	④
33	①	②	③	④
34	①	②	③	④
35	①	②	③	④
36	①	②	③	④
37	①	②	③	④
38	①	②	③	④
39	①	②	③	④
40	①	②	③	④

문번	1	2	3	4
41	①	②	③	④
42	①	②	③	④
43	①	②	③	④
44	①	②	③	④
45	①	②	③	④
46	①	②	③	④
47	①	②	③	④
48	①	②	③	④
49	①	②	③	④
50	①	②	③	④

※ 본 답안지는 마킹연습용 모의 답안지입니다.

해양환경공단 NCS 답안카드

	1	2	3	4			21	1	2	3	4		41	1	2	3	4
1	①	②	③	④		21		①	②	③	④		41	①	②	③	④
2	①	②	③	④		22		①	②	③	④		42	①	②	③	④
3	①	②	③	④		23		①	②	③	④		43	①	②	③	④
4	①	②	③	④		24		①	②	③	④		44	①	②	③	④
5	①	②	③	④		25		①	②	③	④		45	①	②	③	④
6	①	②	③	④		26		①	②	③	④		46	①	②	③	④
7	①	②	③	④		27		①	②	③	④		47	①	②	③	④
8	①	②	③	④		28		①	②	③	④		48	①	②	③	④
9	①	②	③	④		29		①	②	③	④		49	①	②	③	④
10	①	②	③	④		30		①	②	③	④		50	①	②	③	④
11	①	②	③	④		31		①	②	③	④						
12	①	②	③	④		32		①	②	③	④						
13	①	②	③	④		33		①	②	③	④						
14	①	②	③	④		34		①	②	③	④						
15	①	②	③	④		35		①	②	③	④						
16	①	②	③	④		36		①	②	③	④						
17	①	②	③	④		37		①	②	③	④						
18	①	②	③	④		38		①	②	③	④						
19	①	②	③	④		39		①	②	③	④						
20	①	②	③	④		40		①	②	③	④						

※ 본 답안지는 마킹연습용 답안지입니다.

성 명

지원분야

문제지 형별기재란

형 ( ) Ⓐ Ⓑ

수 험 번 호

⓪	①	②	③	④	⑤	⑥	⑦	⑧	⑨
⓪	①	②	③	④	⑤	⑥	⑦	⑧	⑨
⓪	①	②	③	④	⑤	⑥	⑦	⑧	⑨
⓪	①	②	③	④	⑤	⑥	⑦	⑧	⑨
⓪	①	②	③	④	⑤	⑥	⑦	⑧	⑨
⓪	①	②	③	④	⑤	⑥	⑦	⑧	⑨
⓪	①	②	③	④	⑤	⑥	⑦	⑧	⑨

감독위원 확인

㊞

해양환경공단 NCS 답안카드

성 명

지원 분야

문제지 형별기재란

( )형   Ⓐ   Ⓑ

수 험 번 호

⓪ ① ② ③ ④ ⑤ ⑥ ⑦ ⑧ ⑨
⓪ ① ② ③ ④ ⑤ ⑥ ⑦ ⑧ ⑨
⓪ ① ② ③ ④ ⑤ ⑥ ⑦ ⑧ ⑨
⓪ ① ② ③ ④ ⑤ ⑥ ⑦ ⑧ ⑨
⓪ ① ② ③ ④ ⑤ ⑥ ⑦ ⑧ ⑨
⓪ ① ② ③ ④ ⑤ ⑥ ⑦ ⑧ ⑨
⓪ ① ② ③ ④ ⑤ ⑥ ⑦ ⑧ ⑨

감독위원 확인

㊞

번호	답란	번호	답란	번호	답란
1	① ② ③ ④	21	① ② ③ ④	41	① ② ③ ④
2	① ② ③ ④	22	① ② ③ ④	42	① ② ③ ④
3	① ② ③ ④	23	① ② ③ ④	43	① ② ③ ④
4	① ② ③ ④	24	① ② ③ ④	44	① ② ③ ④
5	① ② ③ ④	25	① ② ③ ④	45	① ② ③ ④
6	① ② ③ ④	26	① ② ③ ④	46	① ② ③ ④
7	① ② ③ ④	27	① ② ③ ④	47	① ② ③ ④
8	① ② ③ ④	28	① ② ③ ④	48	① ② ③ ④
9	① ② ③ ④	29	① ② ③ ④	49	① ② ③ ④
10	① ② ③ ④	30	① ② ③ ④	50	① ② ③ ④
11	① ② ③ ④	31	① ② ③ ④		
12	① ② ③ ④	32	① ② ③ ④		
13	① ② ③ ④	33	① ② ③ ④		
14	① ② ③ ④	34	① ② ③ ④		
15	① ② ③ ④	35	① ② ③ ④		
16	① ② ③ ④	36	① ② ③ ④		
17	① ② ③ ④	37	① ② ③ ④		
18	① ② ③ ④	38	① ② ③ ④		
19	① ② ③ ④	39	① ② ③ ④		
20	① ② ③ ④	40	① ② ③ ④		

※ 본 답안지는 마킹연습용 모의 답안지입니다.

해양환경공단 NCS 답안카드

성명

지원 분야

문제지 형별기재란

A형
B형

( )형

수험번호

⓪	①	②	③	④	⑤	⑥	⑦	⑧	⑨
⓪	①	②	③	④	⑤	⑥	⑦	⑧	⑨
⓪	①	②	③	④	⑤	⑥	⑦	⑧	⑨
⓪	①	②	③	④	⑤	⑥	⑦	⑧	⑨
⓪	①	②	③	④	⑤	⑥	⑦	⑧	⑨
⓪	①	②	③	④	⑤	⑥	⑦	⑧	⑨
⓪	①	②	③	④	⑤	⑥	⑦	⑧	⑨

감독위원 확인

(인)

번호	답란	번호	답란	번호	답란
1	① ② ③ ④	21	① ② ③ ④	41	① ② ③ ④
2	① ② ③ ④	22	① ② ③ ④	42	① ② ③ ④
3	① ② ③ ④	23	① ② ③ ④	43	① ② ③ ④
4	① ② ③ ④	24	① ② ③ ④	44	① ② ③ ④
5	① ② ③ ④	25	① ② ③ ④	45	① ② ③ ④
6	① ② ③ ④	26	① ② ③ ④	46	① ② ③ ④
7	① ② ③ ④	27	① ② ③ ④	47	① ② ③ ④
8	① ② ③ ④	28	① ② ③ ④	48	① ② ③ ④
9	① ② ③ ④	29	① ② ③ ④	49	① ② ③ ④
10	① ② ③ ④	30	① ② ③ ④	50	① ② ③ ④
11	① ② ③ ④	31	① ② ③ ④		
12	① ② ③ ④	32	① ② ③ ④		
13	① ② ③ ④	33	① ② ③ ④		
14	① ② ③ ④	34	① ② ③ ④		
15	① ② ③ ④	35	① ② ③ ④		
16	① ② ③ ④	36	① ② ③ ④		
17	① ② ③ ④	37	① ② ③ ④		
18	① ② ③ ④	38	① ② ③ ④		
19	① ② ③ ④	39	① ② ③ ④		
20	① ② ③ ④	40	① ② ③ ④		

2025 최신판 시대에듀 사이다 모의고사
해양환경공단 NCS

개정8판1쇄 발행	2025년 01월 20일 (인쇄 2025년 01월 08일)
초 판 발 행	2018년 11월 10일 (인쇄 2018년 10월 18일)
발 행 인	박영일
책 임 편 집	이해욱
편 저	SDC(Sidae Data Center)
편 집 진 행	김재희 · 오세혁
표 지 디 자 인	김도연
편 집 디 자 인	양혜련 · 임창규
발 행 처	(주)시대고시기획
출 판 등 록	제10-1521호
주 소	서울시 마포구 큰우물로 75 [도화동 538 성지 B/D] 9F
전 화	1600-3600
팩 스	02-701-8823
홈 페 이 지	www.sdedu.co.kr
I S B N	979-11-383-8654-8 (13320)
정 가	18,000원